가을
오니 ——————————— 여름이
또 그리운 거지

가을 오니 여름이 또 그리운 거지

초판 1쇄 발행 2023년 10월 27일

지은이 윤지환
펴낸이 장길수
펴낸곳 지식과감성#
출판등록 제2012-000081호

교정 정은솔
디자인 정윤솔
편집 서혜인
검수 이주희, 이현
마케팅 김윤길

주소 서울시 금천구 벚꽃로298 대륭포스트타워6차 1212호
전화 070-4651-3730~4
팩스 070-4325-7006
이메일 ksbookup@naver.com
홈페이지 www.knsbookup.com

ISBN 979-11-392-1385-0(03810)
값 17,000원

- 이 책의 판권은 지은이에게 있습니다.
- 이 책 내용의 전부 또는 일부를 재사용하려면 반드시 지은이의 서면 동의를 받아야 합니다.
- 잘못된 책은 구입하신 곳에서 바꾸어 드립니다.

지식과감성#
홈페이지 바로가기

가을
오니 ──────── 여름이
또 그리운 거지

윤지환 시인 에세이

**각자의 계절
(작가 인사말)**

어느덧 또 여름입니다.
더위로 유명한 대구에서 나고 자라 여름이 지독히도 싫었습니다.
에어컨 온도를 18℃에 맞춰 놓고 한여름에 겨울 이불을 덮는 것이
마냥 행복했던 적도 있었습니다.

여름이면 '빨리 겨울이 왔으면 좋겠다' 늘 생각했습니다.
겨울엔 또 그랬죠. 얼른 여름이 오면 좋겠다고.
그때 그 마음들을 잘 기억하고 품어 두었다가
더울 때, 그리고 추울 때 다시 꺼내 보면 어떨까요?
지금의 계절이 지독히도 싫을 때요.

문득 그런 생각이 들었습니다.
좋아하는 계절이 무어냐는 질문에
'내가 좋아하는 계절이 과연 있기는 한가?'라고요.
여름은 더워서 싫다, 겨울은 추워서 싫다.

이제 바꿔서 생각해 보려고요.
겨울이 좋은 이유는 덥지 않아서,
여름이 좋은 이유는 춥지 않아서,
이제는 추운 것도 더운 것도 그 계절을 좋아하는 이유로 바꿔서 말이에요.

그냥, 오늘은 여름이 좋았다가 내일은 겨울이 좋을 수도 있으니까
앞으로는 좋아한다, 싫어한다 정해 두지 않으려고요.
우리에겐 봄도 가을도 있으니까요.

여러 계절이 지나며 그 계절 속 일상은 결국 추억이 되었습니다.
제가 느꼈던 봄, 여름, 가을, 겨울처럼
지난 계절 모두 여러분의 추억이 되었으면 하는 바람입니다.

이 책을 통해 각자의 계절을 만나 보길 소망합니다.

여전히 지난 계절이 그리운 오늘

윤 지 환

차례

각자의 계절(작가 인사말)   4

Chapter1. 봄

비밀을 숨기기 가장 좋은 곳	12
우린 다르잖아	16
친절하게 통제하라	23
앉아 있는 습관	28
제로 포인트	34

Chapter2. 여름

답답하지 않아?	42
고양이는 사랑이야	47
나누는 즐거움	52
원래는 없다	56
되가 아니라 돼	60

Chapter3. 가을

1,000년 된 은행나무	66
가을 오니 여름이 또 그리운 거지	71
내가 선택한 길	75
시인이 되다	78
46km	82

Chapter4. 겨울

뫼비우스의 띠	88
할 줄 아는 게 없어	92
사진을 찍는 이유	95
핑계	99
첫눈	103

Chapter5. 그리고 봄

친구	108
다름과 그름	112
반복의 중요성	116
침묵	119
행복하다는 느낌	123
Refresh	127
시간이 없어서	131

Chapter6. 다시 여름

불문율	136
멀티플레이어	139
여름밤의 기억	143
제일 맵게 해 주세요	146
복수	149
자기 PR	152
J의 삶	156

Chapter7. 어느새 가을

인간관계	162
아침형 인간보다 저녁형 인간	167
When you in Rome, do as Romans do	171
그땐 어렸으니까	179
끝내지 못한 책 한 권	183
앞뒤가 다른 사람	188
계절이 바뀌는 어느 날	193

에필로그   196

봄, 사랑

앙상했던 나뭇가지에도 봄이 흐르고
봄의 사랑을 먹고 만개한 꽃잎이 번져
너에게 전해지는 날,
그 날이 내겐 봄이고 사랑이다

그 날이 오면 너에게 말하고 싶다
따스한 봄날처럼 널 사랑한다고

《달달한 시집》 p.184

Chapter 1
봄

비밀을 숨기기
가장 좋은 곳

유치원 때였다.

유치원일 때를 어떻게 기억하는지 의아하겠지만 그 순간은 아직까지 또렷하게 내 기억 속에 남아 있다. 놀이 활동의 일환으로 선생님께서는 아이들에게 스케치북과 크레파스를 나누어 주셨다. 그리고는 하얀 스케치북을 펼쳐 흰색 크레파스로 아무도 모르게 자기만의 비밀을 적거나 그려 보라고 하셨다.

흰색 도화지에 흰 크레파스로 글자를 적으니 어떻게든 보려고 해도 잘 보이지 않았다.

'비밀을 이렇게도 간직할 수 있구나!'

'히히, 아무도 모르겠지?'

나는 내 속마음을 아무도 모르게 표현하고 싶은 마음에 교실 구석에 숨어 팔로 스케치북을 가린 채 조심스럽게 내 마음을 스케치북에 옮겼다.

'류나현, 사랑해'

당시에 내가 좋아하던 유치원 친구였다.

지금도 그때 나현이란 아이의 얼굴이 기억난다. 물론 그 이후로 어디서 무얼 하고 사는지, 지금은 어떤 사람이 되어 있는지는 모르지만 수십 년 전 유치원 친구였던 나현이는 내 기억 속에 여전히 선명하게 남아 있다.

선생님께서는 내가 조심스럽게 적은 비밀이 담긴 스케치북을 거두어 가셨고 그러고는 수십 명의 아이들이 모여 있는 교실에서 각자의 비밀이 담긴 스케치북을 펼쳐 보이며 그 비밀 위에 물감을 칠했다.

"지영이 비밀을 한번 볼까요?"
선생님은 지영이란 친구의 스케치북을 펼쳐 하얀 도화지 위에 알록달록한 물감을 칠했다.
"지영이는 강아지를 그렸네요~ 강아지가 왜 지영이의 비밀일까?"
"강아지 키우고 싶은데 부모님이 안 된대요."
"그렇구나, 오늘 꼭 가서 부모님한테 비밀 이야기해 봐요."
"자, 다음엔 누구 비밀을 볼까?"
선생님은 다음 스케치북을 펼쳐 보였다. 아뿔싸, 내 스케치북이었다. 흰 도화지 위에 적힌 내 비밀이 적나라하게 드러났다.
아이들은 깔깔대며 웃었고 내 얼굴은 홍당무가 됐다.

다른 모든 아이들은 지영이처럼 평소 좋아하던 동물이나 공룡, 만화 캐릭터 따위를 그리거나 굴뚝에서 연기가 피어오르는 마당이 있는 집, 아빠와 가고 싶은 바닷가를 그렸는데 웬걸, 거기서 떡하니 '류나현, 사랑해'라니! 선생님도 박장대소를 하며 발그레진 나현이를 부르며 나를 놀려 댔다.

"아무도 모른다면서요! 비밀이라면서요!"
그 어린 유치원생 아이가 느꼈던 부끄러움.

여전히 나는 비밀이 들통나 버린 그 순간을 잊지 못한다. 입가에 미소가 띠어지는 어린 시절의 비밀, 웃기지만 나이가 들어 버린 지금도 이따금씩 비밀이 생길 때 그때의 스케치북 사건이 떠오른다.

사람들은 수많은 비밀을 가지고 살아간다. 다른 이들에게 들키고 싶지 않은, 숨기고 싶은 것들 말이다.

나만 간직하고 싶은 일, 단짝 친구와 둘만의 약속, 비밀이라며 소곤소곤 말해 주던 친구의 속마음, 우리는 비밀투성이인 채로 살아가지만 결국 그 비밀은 언제나처럼 들통나기 마련이다.

지켜 주어야 하는 것이 암묵적인 약속이고 누구도 몰라야 하는 것이지만 '비밀'이라는 말이 붙으면 꼭 들통나기 십상이다.

이쯤 되면 '비밀=모두가 아는 사실'이라는 공식이 아닐까 싶을 정도니까!

꼭 들통나지만 하나쯤은 간직하고 싶은 비밀, 숨기고 싶지만 꼭 누군가에게는 털어놓고 싶은 비밀, 우리 모두가 가지고 있는 이 비밀 하나 덕분에 삶이 재미있는 것이 아닐까 싶다.

비밀이 하나도 없는 세상이라면 얼마나 재미없을까? 내 비밀은 전부 이 책에 담았다.

내 생각과 추억을 이렇게 상세히 이야기해 보는 것도 내 속마음을 속속들이 드러내 보이는 것도 처음이다. 꼭 한번 해 보고 싶었던 일이다. 그 누구에게도 털어놓지 않았던 내 비밀들, 나만 간직하다 결국 나도 잊은 채로 지냈던 내 비밀들.

문득 어딘가에 털어놓고 싶은 간지러운 비밀이 있다면, 나만의 스케치북에 그 비밀을 그려 보는 건 어떨까? 결국 비밀은 모두가 아는 사실이 되니까.

우린
다르잖아

스무 살이 되던 해, 여느 또래들과 같이 대학에 입학했다. 학과 명칭 앞에 '국제'를 붙여 모두 영어로 수업하는 특성화 학과였다. 때문에 정시로 입학할 수 있는 기준이 일반 학과보다 조금 높았고 외국어 특기자 전형으로 해외에서 살다 온 이른바 '유학파' 학생들이 모여 유독 별난 사람들이 많았다. (나 또한 외국어 특기자로 입학했다.)

강의 시간에는 반드시 영어를 사용해야 했고 한국인 학생들끼리도 줄곧 영어로 말했다.
솔직히 말해 나는 그런 것이 꼴 보기 싫었다. 여긴 대한민국이고 특정 언어는 일정한 규칙 안에서만 쓰거나 필요할 때만 사용하면 되는 것이지 차별성을 둔다고, 잘난 체하기 위해서, 일부러 영어를 쓸 필요가 없었기 때문이다.

집에서 학교까지 1시간 이내 거리로 충분히 통학할 수 있는 거리였지만 '놀고 싶어서' 대학 1, 2학년 때는 일부러 기숙사를 신청했다. 2인

1실로 일반 기숙사와는 달리 기숙사 이름도 '국제'가 붙어 외국인 학생들도 함께 사용하는 좋은 기숙사였다. (일반 기숙사보다 몇 배는 비쌌다.) 그래서인지 몰라도 해외에서 살다 온 우리 학과 학생들이 특히 많이 있었다.

외국인 학생들과 원활한 소통과 통제를 핑계로 영어를 할 줄 아는 우리 학과 학생들이 '층장'[1]을 도맡았다. 세 학번 위의 최고참 선배와 한국어가 유창하지 않은 한국계 미국인인 교포 선배가 있었다. 덕분에 우리는 '국제' 기숙사의 층장들로 기숙사 내에서의 알량한 권력과 호사를 누렸다. 유학을 다녀오고 비싼 기숙사에 살며 학자금 대출이나 아르바이트를 하지 않고도 돈을 펑펑 쓰며 다니는 소위 유복한 가정의 아이들이 시답잖은 호기로 꺼드럭거리고 다녔다. (최고참 선배는 고전 영화에 나올 법한 1980년식 빨간 클래식 벤츠를 튜닝해 몰고 다녀 대학교 전체에서 유명 인사였다.)

밤 11시가 기숙사의 점호 시간이었고 무단 외박이 적발될 경우 강제 퇴소되는 엄격한 규칙이 있었다. 내가 층장으로 있던 3층에는 점호 시간마다 샤워를 하는 사생이 있었는데 샤워 소리만 확인하고 넘어가다 그날은 괜히 직접 확인을 하고 싶었다. 외국 소설에서만 보던 깐깐한 기숙사 사감이라도 된 양 행동했다. 똑똑똑, "점호하겠습니다. 대답해

---

[1] 기숙사 각 층마다 장(長)을 두어 사감 역할을 하도록 했다. 해당 층의 사생들에 대한 점호 및 전달 사항 안내, 구비 물품 배부 등의 업무를 수행했다.

주세요." 샤워기에서 일정하게 흐르는 물소리만 들렸다. 무단 외박. 그렇다. 지금까지 샤워하는 척 물만 틀어 놓고 무단 외박을 하고 있었던 것이다. 당장 룸메이트 사생을 통해 당사자에게 전화 연결을 했고 적발 사실을 알렸다. 강제 퇴소될 수도 있다는 점을 강조하며 혼을 냈다. 거의 흐느끼다시피 사정을 하며 한 번만 봐 달라는 그에게 나는 큰 아량을 베푸는 척 눈감아 주었다. (훗날 내가 군대에 늦게 입대를 했는데 육군훈련소에서 그를 조교로 만나 얼마나 반가웠는지 모른다.)

대학 1학년 새내기부터 2학년이 되어서도 기숙사에서는 층장으로, 학교에서는 특성화 학과를 다니는 '똑똑한' 유학파 출신으로, 철부지였던 나는 일반 학생들과 '다르다'라는 생각이 만연해 괜한 우월감이 막연히 자리 잡고 있었다. 특히 영어를 유창하게 하면서도 일부러 영어를 쓰는 사람들을 면박 주며 오히려 한글 맞춤법에 병적으로 매달린다든지 한국에 살면서도 한국어로 말하려고 시도조차 하지 않는 외국인들에게는 도움은커녕 눈길도 주지 않고 무시한다든지 나름대로의 철학을 가지고 '나는 다르다'고 으쓱해 댔다.

자신감과 자존감이 하늘을 찌르던 스물한 살, 당시에는 상상도 할 수 없는 일이 일어났다.

술을 진탕 마시고 기숙사로 돌아왔는데 내 침대에 과 후배 녀석들이 노트북을 들고 앉아 룸메이트 형과 게임을 한창 즐기고 있었다. (당시 내 룸메이트는 같은 과 동기로 두 살 많은 형이었다.) 술에 취한 나는 당장 침대에 몸을 던져 눕고 싶었고 허락 없이 내 공간에 누군가 자리를 차지하고 있다는 것이 마냥 불편했다. 심지어 불청객이 같은 과 후배라니. 더군다나 그 후배들은 게임을 한다고 정신이 팔려 인사도 건성으로 하고 자리를 비켜 주지 않았다.

나는 화가 머리끝까지 치밀어 올라 무슨 사단이라도 낼 것처럼 후배들을 기숙사 옥상으로 호출하고 먼저 옥상으로 올라갔다. 후배들을 시원하게 혼쭐내 주고 예의범절에 대해 일장 연설을 할 요량이었다. 시간이 한참이 흘렀는데도 후배들이 모습을 보이지 않자 결국 폭발해 버린 나는 다시 내려가 그들을 찾았으나 그들은 아래층 방으로 가 있었다. 아래층 방은 함께 층장을 하는 교포 선배와 최고참 선배의 방이었다. 흥분한 나는 선배의 방에 들어가 그들을 꾸짖는데 교포 선배가 대뜸 내게 화를 냈다.

"너 깡패야? 왜 애들한테 난리야?"

선배 말이 맞았다. 사실 그렇게까지 크게 화낼 일도, 일을 크게 만들 것도 아니었다.

하지만 술에 취한 나는 상황을 수습할 생각도 하지 않았고 도리어 그 불똥이 선배한테 고스란히 튀었다.

"한국인이에요? 미국인이에요? 하나만 선택하세요. 유리할 때, 필요할 때만 미국인 하지 말고요."

더 이상 후배들은 신경이 쓰이지 않았다. 평소 막연히 그 선배에게 불만이 쌓였던 나는 순간 모든 화살을 선배에게 쏟아 댔다. 자기보다 나이 많은 사람들에겐 '미국인이라 나이 상관없이 모두 친구다'라며 편하게 하면서 자기보다 나이가 적은 후배들에겐 흡사 해병대 선임급의 대우를 원하는 것이 아닌가. 기가 찰 노릇이었다.

요즘 말로 내로남불도 이런 내로남불이 없었다.

선배와 한창 언쟁을 하고 싸움으로 번지기 직전까지 치달았다. 최고참 선배가 와서 말려도 누그러지지 않았다. 도끼눈을 뜨고 선배에게 달려든 적이 태어나서 처음이었다. 동이 틀 무렵까지 다투다 일단락되고 다음 날 술이 깨고 진정되자 부끄러움이 몰려왔다. 쭈뼛쭈뼛 교포 선배에게 가 "죄송해요." 사과했다. 매일같이 붙어 다니던 가족 같은 사이였는데 괜히 서먹해진 것 같아 후회스러웠다.

돌이켜 보면 선배의 마음도 이해가 되었다. 생김새는 한국인이지만 미국에서 나고 자라 영어가 모국어이고 서툴지만 한국어를 배워 본인의 뿌리를 찾아 한국에 온 것인데 그 사이에서 혼란스러움이나 고충을 내가 헤아리지 못했던 것이다.

10여 년이 지난 요즘에도 최고참 선배를 종종 만나 술잔을 기울이면 항상 놀림거리가 되곤 한다.

"또 술 취하면 도끼눈 뜨고 달려들려고!"

일종의 해프닝 같은 것이었지만 무언가 모를 미안함과 후회스러움이 아직까지 마음 깊숙이 자리 잡고 있다.

"후회라는 감정은 다시 반복하지 않기 위한 강력한 처방과도 같다."

스물한 살의 나는 가까운 사람에 대한 예의, 이해 그리고 배려에 대한 강력한 처방을 받은 것과 다름없었다.

외국에 살다 온 것이 큰 벼슬인 양 영어를 쓰며 으스대던 친구들, 한국에서 살면서도 한국어를 배우려고 하지 않는 일부 외국인들. 그들 모두 '우린 다르다'는 생각이 자리 잡고 있지 않았을까. 내가 교포 선배의 태도에 괜히 불만을 가지며 지적했던 것과 '기숙사 층장'을 하면서 느꼈던 생각처럼 말이다.

결국 우린 다르지 않은데 말이다.

최고참 선배가 타고 다니던 1980년식 빨간 클래식 벤츠

친절하게 통제하라

　성인이 되고 난 후 막연히 아르바이트를 해 보고 싶었다. 당시 한창 유행이었던 '철판닭갈비' 식당에서 서빙 아르바이트를 시작했다. 일을 한다는 것이 난생 처음이었다. 모르는 사람들을 응대하고 철판닭갈비를 익혀 주고 (흔히들 생각하는 화려한 섞기 스킬은 안타깝게도 배우지 못했다.) 서빙을 한다는 것이 나름 떨리기도 하고 재밌기도 했다.

　일주일이었다. 딱 일주일 아르바이트를 하고 그만둬 버렸다. 영업 종료 후 설거지를 도맡아 해야 했으며 특히 손님들이 더 갓있게 먹기 위해 일부러 눌어붙게 만든 볶음밥 누룽지를 박박 긁어 내야 했다. 무거운 철판을 하루에 100개 넘게 긁어 내고 씻어 내야 비로소 집에 갈 수 있었다. 몸이 천근만근 피곤에 절어 신발장에서 신발을 채 벗지 못한 채 누워 버리기도 했다. 돈이 필요한 것도 아니었고 단순히 경험해 보고 싶었기 때문에 미련 없이 그만둘 수 있었다. 큰 체구에 그다지 선한 인상이 아니었기에 서빙에는 적합하지 않기도 했다며 스스로 합리화한 것도 사실이다.

얼마 지나지 않아 가까운 선배가 '경호원'으로 일한다는 것을 알았다. 어린 시절 친구들이 모두 장래 희망을 '대통령'으로 적어 낼 때 나는 '대통령 경호원'으로 적어 낼 만큼 경호원에 대한 로망이 있었다.

"저도 할 수 있을까요?"
"무술 고단자들만 하는 것 아닌가요?"

과연 내가 경호원으로 일을 해낼 수 있을지 의문이었다. 지인의 소개로 경호 회사에 면접을 보러 갔다.

큰 체구와 선하지 않은 인상이 여기에서는 안성맞춤이었다. 더군다나 영어를 할 줄 안다니!

"검은색 정장 입고 내일부터 출근하세요."
며칠의 교육[2]을 거쳐 곧바로 현장에 투입되었다. 유명 가수의 팬 사인회, 콘서트, 프로 스포츠 경기, 대형 행사, 신변 보호 업무 수행까지 다양한 업무에 투입되었다. 어느 톱 가수의 콘서트장에서는 여러 국적의 해외 팬들이 왔는데 통역을 할 수 있는 인원이 없어 아수라장이 되었고 직원들 모두 혼비백산 상태였다. 그 순간,

---

2 사설 경호원으로 일을 하려면 '일반경비원 신임교육'을 이수하여야 하고 관할 경찰서에 배치 신고를 하여야 한다. '관리자급'으로 보다 전문적으로 일을 하려면 '경비지도사' 자격증을 취득하면 된다.

"너 영어 할 줄 알잖아! 뭐하고 있어? 얼른 통역해!"

부장님의 다그침에 마이크를 잡고 영어로 안내 방송을 했고 찾아오는 해외 팬들에게 일일이 입장과 공연장 내에서의 규칙 등을 설명했다.

보통 '경호원'[3]이라고 하면 VIP, 즉 의뢰인을 보호하는 직업이라고 생각하기 마련이다. VIP가 기업 임원일 수도 가수나 배우일 수도 있다. 그러나 실제로 경호원의 업무는 '주인공'을 보호하는 것보다 해당 현장 전체의 안전을 관리하는 것이 대부분이다. 공연장에서 아티스트에 대한 신변 보호보다는 공연장 전체, 즉 팬들의 안전을 더 세심히 신경 쓴다는 말이다. 당시에는 지금처럼 SNS가 활발하지 않았고 스마트폰도 거의 없는 시절이어서 공연장이나 행사장에서 팬들에 대한 통제가 다소 엄격했고 과격했다. 그렇게 하지 않으면 안전관리가 무너져 대형 인사 사고가 날 수도 있다는 것이 이유였다.

행사가 끝나면 항상 돌아오는 피드백은 '조금 더 친절히 통제하라'였다.

"아니, 친절하게 웃으면서 어떻게 통제를 하라는 거야?"

실무자 모두의 불만 사항이었다. 친절하면서 완벽히 통제하는 것. 놀면서 시험에서 100점 받는 것과 같은 맥락으로 들렸다. 친절하게 보이

---

[3] 여기서 '경호원'은 '사설 경호원'을 뜻한다.

기 위해(?) 일부러 서울 말투를 흉내 내기도 했고 미소를 지어 보려 했지만 무전기 너머로 끊임없이 쏘아 대는 상급자의 질책, 안전사고 우려에 대한 긴장감의 연속, 그리고 하루에 기본 10시간은 서 있어야 하는 직업적 특성. 결코 쉽지만은 않았다.

그때의 나는 대단했다. 어떻게 그 시간들을 버텨 냈는지 스스로 대견스러울 정도다. 타 지역 행사로 출장을 가는 날이면 이틀에 불과 4시간도 채 안 되는 시간을 회사 승합차에서 이동 중에 자는 것이 전부였다. 몸은 고되고 긴장감과 스트레스의 연속이었지만 사실 즐거웠다. 함께 일하는 직원들에게서 나오는 투철한 직업의식과 자부심이 그 모두를 멋지게 보이게 할 정도였으니까! 그렇게 난 나의 청춘, 20대 전부를 경호 회사에서 보냈다고 해도 과언이 아닐 정도로 그들과 청춘을 함께했다.

근무를 할 때 항상 의구심이 들었던 '친절하게 통제하는 것'이 어떤 의미였는지 이제야 조금 알 것 같다. 누군가 말했다.
"문제는 문제가 되어야 문제인 것이다."
주어진 임무는 완벽히 수행하되 알아서 문제없이 잘 수행하라는 뜻일 것이다.

내가 배운 경험은 하나의 추억으로 또 다른 자산으로 남았다. 살면서 맞닥뜨리는 순간순간의 위기와 곤경에서 여유롭게 발휘할 수 있는 '융통성'을 배웠다. (다만, '융통성'은 '원리 원칙'을 충분히 숙지했을 때 발휘할 수 있는 것이란 걸 한참 뒤에나 깨달았다.) '경호원'으로서 배운 모든 지식과 노하우가 지금의 나를 만들었다는 것에 의심하지 않는다.

그 덕분에 지금도 20대 때 배운 '융통성'을 발휘해 나 자신을 '친절하게 통제'하며 잘 살고 있는 것이 아닐까?

앉아 있는 습관

　대학 졸업반 때였다. 우리 대학은 졸업 요건이 꽤 까다로웠다. 학점을 모두 이수하는 것과 별개로 토익 900점 이상, 제2외국어 성적, 봉사 활동 인증, 기업 인턴십 수료, 영어 논문 발표, 이 모든 것을 모두 마쳐야 졸업이 가능했다. 까다로운 학사 학위 요건과 힘들게 학사 학위를 취득하면 앞으로 무엇을 할 것인지는 늘 화젯거리였다.

　졸업을 하면 무엇을 할 것이냐는 질문에 '공기업, 금융권, 해외 취업, 대학원 진학' 같은 보편적인 진로가 아닌 경호원을 하며 눈여겨보게 된 '연예인 매니저'를 하고 싶다고 했다. 실제로 연예인이 대표이사로 있는 꽤 큰 연예기획사에 면접을 보기도 했을 정도로 진심이었지만, 사람들은 그런 나를 보고 의아해했고 부모님 또한 이를 탐탁지 않아 하셨다.

　부모님께서는 부모님의 사업과 관련이 있는 일을 하길 원하셨다. 그때 알게 된 직업은 행정사! 처음 들어 보는 직업이었다. 법무사, 노무사, 세무사와 같은 전문 자격사로 행정기관에 제출하는 서류나 권리·

의무 사항, 사실증명에 관한 서류를 취급하는 전문직이었다. 그다지 잘 알려지지 않은 직업이었지만 서류의 번역을 업으로 할 수도 있고 업무 영역이 다양해 꽤나 매력적으로 다가왔다.

긴 고민 끝에 연예인 매니저가 되는 것을 포기하고, 생각지도 못했던 새로운 것에 도전하기로 마음먹었다. 시험 일정을 확인해 보니 넉넉지 못한 기간이라 졸업 요건 중 가장 부담스러웠던 영어 논문은 잠시 미뤄 두고 행정사 1차 시험 공부를 무작정 시작했다. 첫 시작은 녹록지 않았다. 대학교 중앙도서관에 앉아 인터넷 강의를 틀어 놓고 하루에 4시간을 채 앉아 있지 못해 들썩거렸다. 미국 고등학교로 유학을 다녀오는 바람에 수능을 준비해 본 적도 없고 무언가 오래 공부를 해 본 적이 전혀 없었으니 당연했다. 짜증이 허리 아래에서부터 치밀어 올랐다.

"내가 이걸 왜 한다고 했을까?"
"떨어지면 어쩌지?"
"졸업 논문도 해야 하는데."

오만 가지의 생각이 머리를 뒤덮었다. 가장 기본적인 단순한 법률 용어도 도무지 무슨 말인지 몰라 헤매며 이를 영어로 번역해 겨우 이해하면서 '안 되면 될 때까지!', '불가능은 없다!' 이런 흔한 명언을 되새기며 마음을 다잡았다.

한 달가량 지났을까, 꽤나 익숙해졌다. 그렇게 본격적인 수험 생활이 시작되었다. 4시간도 채 버티지 못해 지쳐 버리던 나는 하루에 최소

10시간 이상 앉아 있지 않으면 그날은 공부하지 않은 느낌마저 들었다. 인터넷 강의를 10회나 돌려 보고 문제집을 10권 넘게 풀어 냈고 출제 확률이 높은 문제에 관련된 개념이나 판례를 화장실에서도 줄줄 외워 댔다.

대망의 행정사 1차 시험 날, 무언가에 홀린 듯 시험을 치렀고 채점을 해 본 결과 '평균 95점' 상당한 고득점이었다. 무엇이든 할 수 있다는 자신감이 생겼다. 진득하게 앉아 스스로 무언가를 해냈다는 성취감에 날아갈 듯이 기뻤다.

"이제 대학부터 졸업하자."

쉴 틈도 없이 곧바로 영어 논문 작성에 돌입했다. 깐깐하기로 소문난 독일인 교수님께서 논문 지도를 해 주셨고 '논문 디펜스'[4]를 하고 나서도 수차례 수정, 보완 작업을 이어 갔다. 예전 같았으면 반복되는 지적과 수정 작업에 지쳐 화가 났을 테지만 해낼 수 있다는 자신감에 가득 차 대수롭지 않았다.

최종 졸업이 결정되고 난 후 곧바로 행정사 2차 시험 준비에 매진했다. 어느샌가 재미가 붙어 지칠 틈이 없었다. 행정사 2차 시험은 논술 시험이었다. 앉아 있는 연습에 더해 쓰는 연습도 익숙해져야 했다. 논

---

4 학위 논문 심사를 '디펜스(defense)'라고 말한다. 보통 심사 위원인 지도 교수와 전공 교수 2명 앞에서 논문 공개 발표를 하여 합격과 불합격, 조건부 합격 등의 결과를 받는다.

술 시험 수험생들에게 유명했던 특정 브랜드의 볼펜을 잉크가 다 닳을 때까지 최소 50여 개는 족히 썼다. 손가락에 굳은살이 박일 정도였다. 문제에 대해 생각할 틈도 없이 베껴 적는 것보다 훨씬 더 빠른 속도로 답안을 써 내려갈 수 있을 수준이 됐다. (베껴 쓰는 것보다 머릿속에 있는 내용을 적는 것이 더 빠르다는 것을 처음 알았다.)

결과는 '최종 합격'으로 2차 시험도 1차 시험만큼 꽤나 높은 성적으로 합격했다. 뿌듯함과 성취감, 만족감… 형용할 수 없는 모든 긍정적인 감정들이 밀려와 온몸을 가득 채웠다.

실무 교육을 마치고 관할 구청에 사무소 설치신고와 세무서에 사업자등록을 마쳤다. "대표 행정사" 나의 직함이 생긴 순간이었다. 비록 어린 나이였지만 오랜 시간 공직 생활을 하다 퇴직한 행정사님들과 함께 행정사로 일을 시작하며 매일같이 행정법률 서면[5]을 작성하며 바쁜 나날을 보냈다.

'행정사', 일종의 글을 쓰는 직업인 것이다. 진득하게 앉아 있을 수 있는 버릇이 꼭 필요한 직업이었다. 수험 기간 동안 터득한 '앉아 있는 습관'이 빛을 발했다. 자신이 처한 상황을 장황하게 설명하며 읍소하는 의뢰인으로부터 냉정하고 빠른 사건의 파악과 판단, 그리고 서면 작성

---

5 행정사의 업무는 대표적으로 행정심판, 인·허가, 등록·신청·신고, 출입국 민원, 계약 등이 있다.

까지. 오랜 시간 모두 '앉아서' 해내야 했기 때문이다.

스웨덴의 심리학자 안데르스 에릭슨이 만든 이론이 있다. '1만 시간의 법칙' 무엇이든 최소 1만 시간을 투자하면 원하는 것을 이루어 낼 수 있다는 것으로, 어떤 분야의 전문가가 되기 위해서는 그만큼의 훈련이 필요하다는 법칙이다. 내가 행정사 시험을 준비하며 들인 노력과 비슷한 맥락이다. 하루도 쉬지 않고 매일 10시간씩 10개월, 행정사가 되기 위해 투자한 시간이었다. 진득하게 무언가에 매진한 것이 처음이었다. 그리고 그것을 해냄으로써 1만 시간의 법칙을 몸소 경험했고 무언가 도전하는 것에 자신감이 생겼다.

육군훈련소에서 훈련받을 때 조교가 해 준 말이 떠오른다. "최선을 다했다는 것은 최고가 되지 못한 자들의 변명일 뿐이다."
다소 잔인한 말이기도 했지만 이 말이 나의 좌우명이 되어 버렸다.

흔히들 무언가 실패를 했을 때 "괜찮아, 최선을 다했잖아."라고 위로한다. 실패를 했다는 것은 동시에 성공한 사람이 있다는 것이고 이는 성공한 사람에게 졌다는 것을 의미한다. 내가 행정사 시험에 합격한 것은 불합격한 사람보다 더 많은 노력과 시간을 투자했다는 것을, 더 오래 앉아 있었다는 것을 뜻한다.

나는 '최선'이라는 말을 꺼리게 됐다. 나 스스로 '최선을 다했다'고 하는 것은 나의 실패를 합리화하는 것 같고 '최선을 다하겠다'는 말은 성공하지 못하고 실패할 것을 예견하는 것처럼 느껴지기 때문이다.

'최선'은 누구나 당연히 하는 것이고 '잘'해야 하고 '성공'해야 한다. '최고'가 되어야 한다. 냉혹하지만 그것이 현실이다. 혹자는 말한다. '결과보다는 과정이 중요하다'고. '최선'을 다했으면 된 것이라고.

나도 물론 동의한다.

비록 내가 실패했을 때만 다가오는 말들이지만 말이다.

제로
포인트

MBTI가 한창 유행이다. 나는 계획적이지도 즉흥적이지도 않다. 나의 MBTI[6]는 맞는 것 같으면서도 다른 것 같기도 하다.

20대의 끝 무렵, 홀로 여행길에 올랐다. 혼자서 하는 여행은 난생처음이었다. 목적지는 '유럽'. 친누나가 유럽에 살고 있어 누나를 만나러 간다는 핑계로 꿈에 그리던 유럽 배낭여행을 떠났다.

비행기표, 숙소 정도만 예약하고 대략적인 여행지를 온라인으로 미리 구경하며 이미 다녀온 사람들이 남긴 리뷰 정도만 확인하는 등 나는 계획을 짜는 듯하면서 대부분을 즉흥적으로 즐기기 위해 남겨 두었다.

첫 여행지는 네덜란드. 친누나가 사는 곳이었다. 누나는 네덜란드 중에서도 '레이덴(Leiden)'이라는 작은 도시에 살았다. 당시 우리나라는 미세먼지가 전국적인 골칫거리로 폭염과 함께 숨이 턱턱 막히는 날씨

---

6 나의 MBTI는 'ENFJ'이다.

었지만 유럽은 달랐다. 날씨는 더웠지만 나무 밑 그늘에만 가면 금세 시원해졌다. 천국이 이런 곳일까 하는 착각이 들 정도였다. 누나와 함께 헤이그와 암스테르담도 구경했다. 가는 곳마다 관광객들이 북적여 정신이 없었지만 TV 너머로만 보던 곳을 직접 보니 꿈인지 생시인지 시간 가는 줄 모르고 즐겼다.

네덜란드 이후 일정부터는 홀로 움직여야 했다. 다음 행선지였던 '벨기에'에서의 시간을 뒤로하고 혼자서 하는 여행이 살짝 익숙해질 무렵 프랑스로 떠났다.

'파리', 말로만 듣던 프랑스 파리였다. 저 멀리 에펠탑이 보였다. 심장이 쿵쾅대며 마치 동화 속으로 빨려 들어간 것만 같았다. 파리는 먼저 다녀온 지인들을 통해 조언을 많이 받은 터라 한인 민박을 예약해 둔 상태였다. 주로 혼자 온 여행객들이 많이 묵는 곳이었다. 센강을 따라 마치 파리지앵이 된 듯 선글라스를 끼고 여유로운 시간들을 보냈다. 꼭 한번 가 보고 싶었던 몽생미셸과 몽마르트르 언덕, 샹젤리제 거리, 그리고 지금은 화재로 소실되었지만 다큐멘터리에서 본 기억이 있던 노트르담 대성당까지 꿈이 현실이 되는 시간이었다.

나는 아무리 좋았던 여행지였더라도 한번 가 본 곳이면 또 다시 가지 않으려고 한다. 평생 살면서 가 보지 못한 곳이 얼마나 많은데 가 봤던 곳을 또 가냐는 생각에서다.

'제로 포인트', 노트르담 대성당 정문에서 대략 열 발자국 정도 떨어진 곳에 별 모양으로 새겨진 바닥이 있다. 여길 밟으면 언젠가 다시 파리로 돌아온다는 속설이 있는 곳이었다. 나의 여행 철학과 반대되는 의미여서 내키진 않았지만 슬쩍 그곳에 발을 올려 보았다.

파리에 머무는 일주일간 매일 밤마다 에펠탑 앞 광장 잔디밭에서 처음 만난 사람들과 삼삼오오 모여 이야기꽃을 피웠다.
"비어(Beer), 샴페인, 와인."
"아이스-쿨(ice-cool)."
에펠탑 앞 광장은 무더운 파리의 여름밤을 즐기라며 얼음과 술을 파는 노점상들로 북적였다. 처음엔 무섭고 위험해 보였지만 하나같이 우리말이 유창한 노점상들과 어느새 낯이 익게 되고 꽤 친해지게 되었다. 우리말을 유창하게 하던 한 노점상은 과거 광주에서 정화조 청소 일을 했었다고 고백했다. 그때 한국말을 배웠는데 파리에서 아주 유용하게 사용하고 있다고 씩 웃어 보였다.

파리에서의 마지막 밤, 숙소에서 만난 사람들과 마지막 '화이트 에펠[7]'을 즐기러 마르스 광장으로 향했다. 그때였다. 일행 중 한 명이 갑자기 소리를 질렀다.
"도둑이야!"

---

[7] 새벽 1시가 되면 에펠탑의 노란 조명 대신 하얀 조명만 반짝인다.

몰래 훔치는 소매치기가 아닌 대놓고 가방을 빼앗아 달리는 것이 아닌가. 생각할 겨를도 없이 몸이 먼저 움직였다. 매일 밤 만나던 에펠탑 앞 노점상들도 함께해 주었다. 영화에서 보던 장면처럼 순식간에 수십 명이 범인을 에워쌌다. 영웅심리 같은 것이었을까. 빈 맥주병으로 위협하던 범인을 내가 단숨에 제압해 버렸고 그 순간 경찰이 들이닥쳤다. 영어를 할 줄 아는 경찰관이 한 명도 없었다. 통역사가 별도로 없어, 근처에 사는 파리 교민 아주머니께서 통역을 위해 경찰서에 오기까지 수갑이 채워진 의자에서 한 발자국도 벗어날 수 없었다.

그렇게 파리에서의 마지막 밤은 경찰서에서 보내게 됐다. 다행히 불법체류자였던 범인은 유치장에 갇히고 여행객이었던 나는 풀려나게 됐다.
"얼굴이 알려져 위험하니 앞으로 에펠탑 앞에 가지 마세요."
경찰의 당부였다.
"괜찮아요. 내일이면 스페인으로 떠나는 걸요. 그리고 살면서 파리에 다시 올 날이 있을까요."
경찰서에서 나오니 이미 날은 밝아져 있었다. 택시를 타고 숙소로 돌아가던 중 에펠탑을 지나치며 생각했다.
"살면서 다시 여기에 올 일이 있을까."

노트르담 대성당 앞의 제로 포인트가 떠올랐다. 화이트 에펠이 머금은 밤공기가 다시금 느껴지는 듯 했다. 또 다시 파리를 가게 된다면 그 땐 무슨 일이 일어날까?

지금껏 여행은 한 번 가 본 것으로 만족했던 내게 이상하게도 파리는 특별하게 다가왔다. 한참이나 지났지만 파리의 그날 밤이 어제 일 같다. 내키지 않으면서도 슬쩍 제로 포인트에 발을 올린 그 순간이 또렷하다.

속설이 현실이 될 날을 여전히 기다리며 파리를 추억해 본다. '제로 포인트' 매력적인 말이다.

제로 포인트.

프랑스어로 포앵제로(Point Zero)라고 하며 프랑스의 모든 지리적 위치를 측정하는 기준이 되는 지점이다. 이곳을 밟으면 파리에 다시 오게 된다는 속설이 있다.

여름이 준 선물

나뭇잎도 강물도 진해진 오늘
뜨거워진 햇빛에 반가운 바람이 부는 오늘

여름이 오늘을 선물해 주었습니다

시골길 개구리 소리
싱그러운 풀벌레 소리
밤을 타고 감싸는 시원한 바람이 부는 오늘

바로 오늘이 나에겐 선물입니다.

Chapter 2
여름

답답하지 않아?

전원주택으로 이사 온 지 불과 며칠이 안 됐을 무렵이었다.

마당 있는 집을 지었으니 강아지를 키우자는 얘기가 나왔다. 어릴 적 함께 지냈던 골든 리트리버가 문득 생각이 났다. 이번에도 리트리버나 허스키 같은 멋진 대형견을 키우고 싶다는 내 기대와는 달리 부모님은 토종견을 원하셨다.

'삽살개', 귀신과 액운을 쫓는다는 속설이 있는 우리나라 토종견. 우리나라 토종견인데 사람들은 오히려 더 모르는 듯했다. 사실 나도 키우기 전까진 잘 알지 못했으니까! 삽살개[8]는 보통 황색, 백색, 청색으로 나뉘는데, 우리 가족은 삽살개의 그 매력에 푹 빠져 모색별로 한 마리씩, 결국 세 마리를 키우게 됐다.

수컷인 황삽사리 '우리'와 암컷인 백삽사리 '두리' 그리고 '우리 두리'

---

8 삽살개는 경북 경산시에 위치한 한국삽살개재단에서 혈통을 관리한다.

에게서 태어난 청삽사리 '곰이'. (곰이라는 이름은 친누나가 지었다.)

얼굴이 털로 모두 덮여 눈이 보이지 않는 것이 매력이라는 삽살개 가족을 데리고 가까운 호수공원이나 애견카페에 가면 가는 곳마다 인기 스타가 되곤 한다.

"얘는 무슨 종이에요?"
"삽살개예요."
"눈이 하나도 안 보이네, 답답하겠다."
"괜찮아요."
"머리를 묶어 주거나 잘라 주면 안 돼요?"
"사람이 선글라스 쓴 거랑 같다고 보시면 돼요. 다른 견종에 비해서 안질환도 덜하구요."
삽살개와 함께 있으면 항상 오가는 대화는 이런 식이다.

실제로 털이 눈을 모두 덮어 웬만해선 삽살개의 눈을 쉽게 볼 수 없다. 앞이 하나도 보이지 않을 것 같은데 신기하게도 잘 뛰어다니고 작은 벌레도 잘 찾아낸다. 따로 훈련을 시키지도 않았는데 항상 산책을 나와야 용변을 봤고 기본적인 '앉아', '이리와' 정도는 알아들었다. 심지어 저 멀리서 차오는 소리를 듣고 우리 가족인지 낯선 사람인지 곧잘 구별해 냈다. 식욕이 왕성한 편은 아니라 사료를 가득 부어 주면 먹을 만큼만 먹고 주인에 대한 충성심이 뛰어나 산책을 나와서도 꼭 내 옆에 붙어 있다. 참 똑똑하고 귀여운 녀석들이다.

'우리'는 사람을 워낙 잘 따르고 좋아해서 부르면 곧장 달려온다. 늠름해 보이는 것과 반대로 촐싹대 보이기도 한다. '두리'는 출산하고 난 후로 눈에 띄게 차분해지고 의젓해졌다. 애교가 나날이 늘어 옆에 와서 늘 몸을 기대고 앉아 만져 달라고 응석을 부린다. '곰이'는 겁쟁이라 눈치 보며 도망가기 바쁘다. 이렇게 같은 삽살개라도 성격이 천차만별이라 함께하는 재미가 쏠쏠하다.

비가 억수같이 내린 어느 날이었다.

전원주택답게 마당엔 온 사방에 비 온 뒤 흙냄새와 풀 냄새로 가득했다. 마당에 나와 있으니 '우리'가 낑낑 앓는 듯이 짖어 댔다. 풀어 달라는 신호였다. 나는 귀찮다는 식으로 한숨을 푹 내쉬고선 마지못해 견사 문을 열어 줬다. 문을 열기가 무섭게 총알같이 뛰어나가 세 마리가 순식간에 뒤엉켜 뛰어다니느라 정신이 없었다. 비 냄새가 물씬 풍기던 고요한 정원이 삽사리들의 놀이터가 되어 버렸다.

'우리'는 한참을 뛰어다니더니 풀숲에 숨어 있는 개구리를 발견하고 이를 쫓느라고 난리 법석이었다. (비가 온 뒤에는 마당에 항상 개구리가 출몰한다.)
"우리! 이리 와!"

평소 말 잘 듣는 녀석에게도 이미 사냥 본능이 발동된 상태라 별 수 없어 보였다.

"아니 그 작은 게 보이긴 보여?"

눈이 가려져 답답해하지 않느냐고 묻는 질문에 전혀 그렇지 않다고 아주 잘 보인다고 으쓱하며 설명하던 나도 문득 궁금해졌다. 눈이 다 가려져서 그 조그만 개구리가 풀숲에서 움직이는 게 어떻게 보이지?

사실 녀석들이 답답한지 어떤지 말을 하는 것도 아니고 알 길이 없다.

곧잘 보는 것 같으면서도 나 또한 녀석들이 답답해 보이는 건 어쩔 수 없는 사실이긴 하니까 말이다. 눈이 다 가려져 답답해 보인다는 말에 무심코 "괜찮아요."라고 줄곧 대답했던 일을 회상했다. 진짜 괜찮을까? 괜스레 삽사리들의 마음을 헤아리지 못했다는 생각이 들어 반성하는 의미로 머리를 묶어도 줘 보고 눈을 안 가리게 앞머리를 잘라도 줘 봤다. 그래도 금세 털이 자라나 눈이 가려진다.

보이지 않아 답답할 거라 느끼는 건 강아지들이 아닌 그들을 바라보는 사람들의 편견이 아닐까 하는 생각이 들었다.

아는 것만큼 보이고 보이는 대로 믿는 단순한 우리들의 오해가 아닐까 하는 생각과 함께.

마당에서 쉬고 있는 우리, 두리, 곰이

고양이는 사랑이야

어릴 적 나는 길고양이가 괜히 싫었다. 어딘가 갑자기 튀어나와 매서운 눈초리를 쏘고는 냅다 도망치는 녀석들이 뭔가 무섭고 불쾌했다. '고양이는 요물이다'라는 어른들의 말도 한몫했다.

길 가다 마주치기라도 하는 날엔 쿵쾅대며 발을 굴러 쫓아내기 일쑤였다.

그런 내게 고양이를 다시 보게 된 계기가 생겼는데 이는 미국에서였다. 미국 유학 시절 홈스테이를 하던 곳에는 '태비'라는 이름의 고양이가 있었다. 고양이를 싫어하는 나를 경계하기는커녕 소파에 앉으면 내 무릎에 와서 앉고 침대에 누우면 머리맡에 꼭 와서 몸을 비벼 댔다.[9]

"태비, 어디 갔어? 이리와~"

나만 졸졸 따라다니며 애교를 부리던 태비 덕분에 고양이에 대한 선입견이 눈 녹듯 사라졌다. 마치 길고양이처럼 밖을 마음대로 쏘다니다

---

[9] 고양이는 몸을 비비는 것이 친밀감의 표현이다.

가도 나의 부름엔 주저 없이 달려와 문 앞에 앉아 있곤 했다.

한국에 돌아와서 꼭 태비 같은 고양이를 키우고 싶었다. 길고양이의 매서운 눈초리를 오해했던 지난 세월이 아쉬울 지경이었다. 4년에 가까운 시간 동안 고양이를 반드시 키우리라 마음먹고 인터넷 고양이 커뮤니티 같은 곳을 매일같이 접속하며 가정 분양 하는 곳이 있나 살펴보는 것이 일상이 됐다.

그러던 어느 날, 내 마음에 쏙 드는 새끼 고양이를 가정 분양 한다는 곳이 나타났다. 처음에는 완강히 반대하던 부모님께서도 줄기차게 '고양이'를 외치는 내게 질 수밖에 없었다. 이름은 '사랑이'. 너무 사랑스러워서 붙여 준 이름이다. (사실 당시 TV 예능에 나오는 추성훈 씨의 자녀 이름을 딴 것이다.)

첫 반려묘를 가족으로 맞이하면서 나는 고양이의 언어를 배우기 시작했다. 가만히 눈을 응시하며 천천히 눈을 깜빡인다든지, 가까이 다가와 몸을 스윽 하고 스치고 지나가거나 비빈다든지, '그르릉' 하며 마치 코 고는 소리를 낸다든지 하는 것들이었다. (고양이의 '골골송'이라고 유명한 기분 좋을 때 내는 소리인 '그르릉' 하는 소리를 처음엔 어떤 의미인지 몰라 "우리 고양이가 이상한 소리를 내요!"라며 걱정에 안절부절못하며 동물병원에 데려가곤 했다.)

고양이 언어를 배우며 진정한 '집사'로 거듭날 무렵 내게 고양이 알레르기가 생겨 버렸다. 분명히 괜찮았는데 어느 순간 재채기가 나더니 눈이 충혈되고 콧물이 줄줄 흐르기 시작했다. 고양이가 머물던 장소에선 어김없이 알레르기 반응이 나왔다.

솔직히 말해 견디기 너무 힘들고 죽을 만큼 괴로웠다.
그렇다고 가족을 버릴 순 없지 않은가!
알레르기 반응이 심할 땐 약을 먹고 최대한 만지지 않으려고 노력하며 손을 소독하는 것이 일상화되었다. 손으로 만지면 순간 나도 모르게 눈을 비비거나 얼굴을 만지게 되고 그럼 알레르기 반응이 올라와 하루를 통째로 고통 속에 날려야 했기 때문이다.

그렇다고 사랑스런 사랑이를 안 만지고 베길 수 있나! 난 궁여지책으로 사랑이를 '발'로 만지기 시작했다. 손으로 만질 땐 너무 귀여워서 나도 모르게 힘을 주고 세게 만지게 되니 사랑이 입장에선 곤욕스러워 보였는데 발로 만지니 혹여나 힘 조절을 잘 못해서 아파할까 봐 살살 만져 오히려 흡족해 보였다.

이제는 발에 길들여졌는지 손을 대면 도망가 버리고 가만히 앉아 있으면 자연스레 발 앞에 넙죽 엎드려 자기가 스스로 비비곤 한다. 고양이 알레르기가 생겨 힘들어하는 걸 아는지 기특하게도 사람이 앉고 눕고 사용하는 곳엔 사랑이가 잘 오지 않는다. 여느 고양이처럼 침대나

식탁에 올라오는 행동을 절대 하지 않는다. 털 날린다며 "주방엔 들어오지 마!" 하고 으름장을 놓았더니 주방 경계선에 딱 앉아서 기다리는 모습이 영락없이 사람 말을 알아듣는 것 같았다.

아파트에서 지내다 전원주택으로 이사 오고 난 뒤에는 이따금씩 밖에 나가고 싶어 문 앞에 앉아 "야옹"거린다. 한참 동안 햇볕을 즐기다 들어오고 싶을 땐 또 문 밖에서 "야옹" 하면 문을 열어 준다. 이 모습이 미국에서 함께했던 '태비'와 꼭 닮았다.

사랑이와 함께하다 보니 길을 걷다 만나는 고양이들이 짠해 보이기 시작했다. 예전 같았으면 '쓰레기 더미를 뒤져 무얼 많이 먹었기에 저렇게 퉁퉁할까!' 하며 혀를 찼겠지만 이제는 안다. 사실 염분이 많은 음식물 쓰레기를 먹을 수밖에 없는 환경이고 깨끗한 물을 충분히 마시지 못해 부은 것이란 걸, 영양실조와 로드킬로 고양이 평균 수명의 반의반도 채 못 미친다는 걸.

고양이의 언어를 배우며 고양이에 대한 이해 그리고 사랑까지 더해지니 길에서 마주치는 고양이를 그냥 지나칠 수 없게 되어 버렸다. 길을 걷다 고양이가 보이기라도 하면 곧장 편의점으로 달려가 참치 캔을 따고 깨끗한 생수를 종이컵에 부어 구석에 올려 두고 먼발치에서 잘 먹나 한참을 확인하는 게 버릇이 되었다.

길고양이에 대한 편견과 오해했던 지난날들을 반성하며, 배를 까고 그르렁대며 자고 있는 사랑이를 보니 이 말을 꼭 하고 싶다.

"고양이는 사랑이야!"

사랑이를 발로 만지는 모습

나누는 즐거움

경호원으로 연을 맺은 선후배들이 모여 '봉사 모임'을 만들었다.

계 모임처럼 이따금씩 만나 술만 진탕 마시는 것보다 매번 별생각 없이 지출하는 술값 정도를 모아 좋은 일을 해 보자는 취지였다. 내게 가장 선임자이었던 선배의 권유로 나 또한 봉사 모임에 합류하게 됐다. 규칙은 월 회비 납부와 매월 1회의 봉사 활동 참여. 그리 어렵진 않았지만 사실 쉽지만도 않았다.

모름지기 봉사 활동이라 함은 우리들에게 흔히 스펙을 위한 봉사 활동, 필요에 의해서 어쩔 수 없이 한 봉사 활동으로 알게 모르게 인식되어 있었던 것이 사실이다. 그러나 남들이 알아줄 필요도 없고 스펙에도 남지 않는 진정한 '자원봉사 활동'을 하고자 시작하게 된 것이다.

유기견 보호소, 헌혈, 무료 급식, 요양원, 보육원, 장애인 시설, 연탄 봉사 등 우리는 매달 다양한 봉사 활동을 하며 보람을 느끼고 새로운 즐거움을 알게 됐다. 그때 느낀 보람과 즐거움을 잊지 못해 가까운 지인들과 새로운 봉사 단체를 설립하여 지금도 꾸준하게 봉사 활동을 하고 있다.

가령 기부와 같은 좋은 일을 하면 일부러 익명으로 한다든지 '왼손이 하는 일을 오른손이 모르게 하라'는 말처럼 묵묵히 해 왔던 선행들이 뒤늦게 알려지며 그것이 바람직한 행동으로 자리 잡았다. 그러나 나는 '선한 영향력'을 알리자는 생각으로 숨김없이 매달 봉사 활동 하는 것을 주변에 알리고 동참할 것을 권유한다. 이것이 어떤 목적을 이루기 위한 수단으로 '스펙'이 되지는 못하지만 봉사 활동을 시작하게 된 지 약 7여 년이 되는 시점에 주위에 우리와 같은 자원봉사 단체가 세 개 정도 더 생겨났다. '선한 영향력'의 결과인 셈이다.

평소 봉사 활동을 해 보고는 싶지만 어떻게 하는지, 어디에서 하는지 몰라 줄곧 실천에 옮기지 못한 이들이 꽤 많았다. 누구나 쉽게 봉사 활동에 참여하고 '매일 지출하는 커피 한 잔 값으로 좋은 일을 해 보자'라는 부담 없는 생각으로 '나누는 즐거움'을 실천한다.

처음 자원봉사자로 요양원에 방문한 날이었다. 이른바 독거노인이라 알려진 어르신들을 돌보는 시설이었는데 '시설 청소나 요양원에서 필요한 잡무를 하고 오자'라는 편한 생각으로 가게 됐다. 하지만, 이날이 내 자원봉사의 깊은 원동력이 되었다는 사실!

평소 단순히 독거노인이라 알고 있던 단어를 '홀로 어르신'이라 지칭한다는 것, 그들의 삶을 잠시나마 간접 체험할 수 있는 '말벗해 드리기'가 얼마나 값지고 소중한지, 이따금씩 방문하는 자원봉사자들을 하염없이 기다리는 어르신들이 계신다는 것, 자원봉사자들의 도움을 필요로 하는 부분이 많다는 것 등 몰랐던 여러 새로운 사실들을 깨달으며 '봉사 활동'을 왜 해야 하는지 피부로 느끼게 된 계기가 되었다.

"순자 씨! 내가 옆에 할머니 괴롭히지 말랬지! 자꾸 그러면 놀이 활동 안 끼워 준다!"

처음 자원봉사자로 요양원에 방문했던 내게 다소 불쾌할 정도의 무례한 언행으로 '홀로 어르신' 한 분을 다그치는 사회복지사님을 보고 적잖이 충격에 빠졌다. 당황한 기색을 느낀 사회복지사 선생님께서 말씀하셨다.

"어르신들께도 이곳의 규칙과 더불어 살아가는 예절을 계속해서 일깨워 줘야 해요. 안 그러면 서로 다투시고 고집부리기 시작하면서 걷잡을 수 없게 되거든요. 치매 증세가 있으신 분들께는 그분들의 눈높이에서 대화를 하고 각각의 성격을 파악해 상황에 맞게 행동하는 것이 중요해요. 어르신들뿐만 아니라 장애인 시설이나 보육원도 똑같아요. 어르신들도 가만 보면 어린아이 같다니까요."

정기적으로 봉사 활동을 다니다 보니 그때 사회복지사 선생님께서 하셨던 말이 옳았다는 것을 느꼈다. 단순히 그들의 말을 모두 들어주고 무조건 수동적으로 돕는다는 생각보다 학생들을 가르치는 엄한 선생님같이, 또 때로는 친한 친구나 따뜻한 부모가 되어 주는, 다시금 말해 그들과 '함께하는' 것이 중요하다는 것을 배우게 되었다.

그날 사회복지사 선생님은 여전히 순자 씨의 친구로, 부모로, 그리고 선생님으로 지금도 함께하고 있다는 사실이 깊은 안도가 됐다.

우리가 살면서 나를 위해, 가족을 위해, 친구들을 위해서는 무언가를 하고 시간을 내어 주지만, 진정으로 타인에겐 시간을 낼 여유도, 시간을 내야 할 이유도 모르고 살아간다.

'나를 위해' 시작한 봉사 활동에 남을 위하는 마음을 더하고, 그 시간이 그들과 '함께하는 것'으로 그 의미가 변해 갈 때, 비로소 진정한 나눔의 즐거움을 알 수 있지 않을까.

'나누는 즐거움'을 깨닫고 나니 봉사 활동을 그만둘 수가 없게 되어 버렸다. 이젠 습관처럼 계속해서 봉사 활동을 하지 않을까 싶다.

한 달에 한 번 가지는 이 시간은 '남을 위한', 하지만 그게 곧 '나를 위한'인 특별한 시간이라는 걸 직접 느끼고 있으니까.

원래는 없다

때는 바야흐로 질풍노도의 시기, 나의 어릴 적 사춘기 시절이었다.

소위 당시 베프(베스트 프렌드) 중 한 명인 K의 사춘기는 유독 심했었다. 친구들과는 장난기 많은 개구쟁이였지만 유독 선생님 앞에선 반항심 많은 철부지 소년이었다. 선생님의 말씀엔 항상 반대로 행동했고, 혼이라도 나는 날엔 반성보다는 불쾌함과 반항심이 가득하곤 했다.

"너 지금 선생님한테 무슨 말버릇이야! 표정 안 풀어?"
"저 표정 원래 이런데요."
버릇처럼 하던 친구의 말대답.

누구나 알 수 있었다. 그 친구는 원래 그렇지 않다는 것을.

시간이 한참 지나서야 깨달았다.

"원래 그렇다."라는 말이 그 친구가 상대방에게 수긍하기 싫을 때, 자신의 고집을 꺾기 싫을 때 하는 흔한 거짓말이었던 사실을.

시간이 지나 행정사의 일을 하고 있는 내게 그 시절 K가 생각나게 된 일이 있다. 가끔씩 들어오는 수임 업무 중 하나로 학교폭력 관련 업무가 있는데 이때 의뢰인과의 상담에서 별안간 그 친구가 떠오른 것이다. 대부분의 피해학생 측은 가해학생의 진심 어린 반성과 사과, 또는 처벌이 충분치 않다며 더욱 엄한 처벌을 받게 할 방법을 묻곤 하는데 반대로 가해학생의 부모들은 백이면 백, 첫 마디는 K의 말과 흡사했다.

"우리 아이가 원래 이런 아이는 아닌데…."

가해학생이 저지른 행동과 수위, 반복의 정도 등 여러 가지 상황을 종합적으로 고려해 봤을 때 그 죄질이 썩 좋지 않음에도 부모의 입장은 동일했던 것이다.
'원래는 그렇지 않다는 것'
피해학생 때문에 어쩔 수 없이 잠시 변한 것이라고 말하고 싶은 걸까, 아님 당연히 잘못한 것도 알고 문제가 있다는 것을 충분히 이해하지만 인정하기 싫은 것인가. 아마 '모든 것을 내려놓기가 무서워 마음 한편에서 책임을 일부라도 전가시키고 싶은 마음은 아닐까' 하며 상담을 하는 부모들의 마음을 짐작해 보곤 한다.

이직을 하거나 직장 내 부서를 옮길 때, 그리고 무언가 새로운 일을 시작할 때에도 기존에 근무를 하던 사람들은 항상 같은 말을 한다.

"원래 이렇게 해요."

그들이 해 오던 방식, 익숙해진 것을 바꾸고 싶지 않은 고집. 그 말엔 이유도, 예외도 없다. 왜 그렇게 해야 되는가에 대한 물음은 그들에겐 낯선 이방인의 반항심일 것이다. 기존의 것이 전부 잘못되었다는 것은 아니나 기존의 낡고 병든 사고에서 머물러만 있다면 그 조직의 발전은 앞으로 기대를 할 수 없을 것이다.

누군가 만나 서로를 알아 갈 때에 무의식적으로 내뱉는 말이 있다.

"나는 원래 이런 사람인데."
"나는 원래 이런 스타일인데."

자기를 소개할 때에도 '원래'라는 말을 자주 쓰곤 한다. 상대방을 위해 평소 잘 하지 않던 행동이나 말투를 하고 있다는 것을 어필하기 위함일 것이다.

나는 어느샌가 '원래'라는 단어를 잘 쓰지 않게 됐다.
사실, 쓰지 않으려고 노력하는 것이 분명할 것이다. '원래 그렇다'라는 말이 가진 모순적이면서도 비겁한 면이 싫어진 것이다.

'원래'는 없다.
모든 것은 새로운 순간의 시작일 뿐, 그 어떤 상황도 정답일 수는 없다. 사람마다 상황마다 달라지는 것이 당연하다.

원래 그렇다는 것은 어쩌면 새로운 생각의 노고와 상황을 헤쳐 나갈 노력을 하지 않기 위한 무의식이 꾸려 낸 핑계는 아닐까.

되가 아니라 돼

우리나라는 별날 정도로 영어에 미쳐 있다.

우리나라 모든 사람들이 영어 강박증에 걸려 있다고 해도 과언이 아니다. 한글을 채 떼기도 전인 아이들에게 'ABC 노래'를 부르게 하곤 한다. 영어를 잘해야 똑똑하다는 인식이다. 알파벳을 외우고 단어 하나를 쓰는데 한 글자라도 틀리는 날에는 무식하다는 소리를 감수해야 한다. 이만큼 영어에 미쳐 있는 나라도, 미쳐 있는 만큼 영어를 잘하지 못하는 나라도 없다. 게다가 초등학생 때부터, 아니 사실 학교에 가기 전부터 영어 유치원이 있을 정도니 우리는 모국어를 떼기 전부터 외국어인 영어 문법과 단어, 독해 능력을 정말 쉴 새 없이 공부하고 평가받는다.

문득 이런 생각이 들었다.
"알파벳 하나 틀릴까 봐 달달 외워 대는 사람들이 과연 한글은 제대로 쓸까?"
대부분 우리나라 말이니 당연하다는 반응이다. 생각해 보면 한글을 외우거나 평가받는 일은 극히 드물다. 생각해 본 적도 없는 것이 맞는 말일 것이다. 그런데 주변을 둘러보면 영어 알파벳에 극도로 예민한 이들이 한글 맞춤법은 틀렸는지조차 모르고 사용한다. 우리나라 말인데 생각조차 하지 않는다.

"왜 않돼?"
"지난번에 선생님이 그랬데."
"카톡 로그인이 안돼는데?"
"코로나 걸렸다며? 빨리 낳아."
"조만간 뵈요."
"휴대폰을 못 찾겠는데 어떻해?"

이런 메시지를 받으면 허리 아래에서부터 짜증이 확 올라온다. 한글 맞춤법도 모르면서 알파벳은 달달 외우고 있는 꼴이 한심하기 짝이 없다. 이런 사람들이 대개 맞춤법 지적을 받으면 발끈하며 '언어는 의미 전달과 소통만 되면 충분하다'는 입장이다. 하기야 이들에게 영어는 언어 이상의 학문이니 반박할 힘조차 빠져 버린다.

책을 읽는 일이 부쩍 줄어들고 휴대폰을 통해 영상과 사진으로 세상을 만난다. 글은 되도록 짧게, 대체로 문자 메시지나 댓글 정도의 길이가 흔히들 일컫는 '요즘 사람들'의 문장 독해력의 한계다. 한글을 가장 멋있고 아름답게 나타낼 수 있는 글인 시조차도 '디카시'[10]라는 장르로 사진에 맞는 짧은 글로 끝맺는 것이 트렌드이니 말이다. 나 또한 문학은 대중성을 띄어야 한다는 생각에 '요즘 사람들'에게 맞는 짧은 시를 선보이곤 했다.

말은 줄이고 맞춤법에는 관심이 없으니 '세대 차이'라는 미명하에 같은 한글을 쓰면서도 무슨 뜻인지 몰라 되묻는 일까지 벌어진다.

"한 나라가 잘되고 못되는 열쇠는 그 나라의 국어를 얼마나 사랑하느냐에 있다."
"한 나라의 문화 창조는 나라말과 글로써 이루어진다."
국어학자이자 독립운동가였던 주시경 선생의 어록이다.

요즘 우리나라를 보면 'K-팝'이니 'K-드라마'니 하며 모든 분야 앞에 K를 붙여 한류 열풍에 대단한 자부심을 느낀다. 정말 아이러니한 일이다.

"가장 한국적인 것이 가장 세계적인 것이다."라는 말처럼 그리고 주시경 선생의 말씀처럼 우리는 가장 기본인 한글의 맞춤법에 미칠 필요가 있다. 우리나라의 문화 열풍이 더욱 폭발하려면 최소한 우리가 우리

---

10 디지털카메라의 줄임말인 '디카'와 시를 합친 말로 이상옥 시인이 2004년 처음 '디카시'라는 용어를 처음 제시했다.

말은 제대로 알아야 하지 않을까. 알파벳을 외우기 전에 한글을 사랑하도록 가르치는 것이 '요즘 우리'에게 꼭 필요한 일이지 않을까 싶다.

여전히 친구에게 맞춤법이 틀린 메시지를 보내는 이들에게 말해 주고 싶다.

"되가 아니라 돼."라고.

그리움 한 숟갈

그리움 한 숟갈 듬뿍 떠서
입 안 가득 삼키고 싶다

파란 가을 하늘에 푹 적셔
넓은 호박잎에 감싸 한입 가득 삼키고 싶다

가을 햇살에 슥슥 비벼 꿀꺽 삼키고 싶다

《'2022 서울 지하철 안전문 창작시 공모전' 당선작》

Chapter 3
가을

1,000년 된 은행나무

내가 살던 도시에서 가장 땅값이 비싼 동네, 그중에서도 꽤 좋은 아파트에 살던 때였다.

아버지는 느닷없이 도심에서 1시간가량 떨어진 외진 곳 어느 산자락에 있는 땅을 샀다며 기분 좋게 웃으며 말씀하셨다. 그리고 빠른 시일 내에 그곳에 집을 지어 가족 모두가 이사 갈 것이라고 덧붙이셨다.

청천벽력이었다. 소위 일컫는 '부자 동네'에서 '시골'로 이사를 간다니! 뉴스에선 집값이 천정부지로 뛸 것이라고 연신 보도해 댔지만 부모님은 개의치 않으셨다.
아파트는 부동산에 내놓자마자 집 보러 온다는 사람이 줄지어 연락이 왔다.

집을 짓는 공사도 이사 준비도 내 맘과 다르게 일사천리로 척척 진행됐다. 집을 짓겠다는 곳의 땅은 수풀이 우거지고 내 몸집보다 큰 돌들이 곳곳에 박혀 사람이 들어가 볼 엄두도 못 낼 만한 땅이었다.

"여기에 어떻게 집을 짓고 산다는 거야?"
나는 내심 도심의 아파트를 버리고 전원주택으로 이사한다는 것이 내키지 않았다.

차라리 광고에 보이는 전원주택 단지였다면 모를까 오지에 버려지는 기분이었다.

그래도 앞으로 살아야 할 곳이라는 생각에 억지로라도 정을 붙일 요량으로 매일같이 그곳을 찾았다. 멀게만 느껴졌던 길도 조금씩 익숙해졌다.

얼마 지나지 않아 내 키만큼 자란 풀들이 무성했던 언덕배기는 차츰 모양새를 갖춰 갔고 그림 같은 하얀 집이 세워졌다. 정작 완공된 집을 보니 꽤나 마음에 들었다. 외국에 사는 누나가 사용할 작은 방까지, 우리 가족이 적당히 살 수 있는 그리 넓지 않은 집이었다.

내 방은 2층이었는데 창문 너머로 보이는 동네의 전경과 저 멀리 자리 잡은 산이 한 폭의 그림 같았다. 아침이면 자욱한 안개가 걷히며 드러나는 풍경이 예술이었고 밤이면 침대에 누워 별이 쏟아지는 하늘을 감상할 수 있었다. 풍수지리를 보고 지은 터라 더욱 그럴 듯하게 느껴졌다.

작은 집과는 달리 다소 휑해 보일 만큼 큰 마당을 보며 랄프 월도 에머슨이 한 말이 떠올랐다.
"집을 아름답게 꾸미는 최고의 장식은 집을 자주 찾아오는 친구들이다."
펜션 같은 전원주택을 지은 마당에 손님을 초대하지 못한다면 무슨 재미로 살까!

곧바로 실천에 옮겼다. 집 아래에 또 집을 짓기 시작했다.

이번엔 한옥이었다. 손님들이 묵을 집을 따로 마련한다는 취지였다.
다 짓고 보니 아방궁이 따로 없었다. 한옥과 양옥, 동서양이 공존하는 궁전 같았다.

나는 최고의 장식을 마련한다는 핑계로(?) 수시로 친구들을 초대해 고기를 구워 먹고 술을 마시곤 했다. 모닥불을 피우고 달과 별에 심취해 시 한 구절 짓는 것이 취미가 되어 버렸다.

어느 누구의 맑은 눈물이 밤하늘에 올라가
그 짙은 어둠 속에서 반짝이는 별이 되었을까?

내가 지은 《달달한 시집》에 수록된 시 〈별처럼〉 중에서다.
문득 그런 생각이 들었다. 예전의 아파트에서 계속 살았다면 과연 달과 별이 눈에 들어왔을까? 내가 시인이 될 수 있었을까? 아니, 시인이 되려고 생각이나 했을까? 사람 일은 정말 모를 일이다.

우리 집 뒤로 대략 10분가량 산책로를 따라 올라가다 보면 마을의 마스코트라는 그 1,000년 된 은행나무를 만날 수 있다. 국가에서 지정한 보호수[11]로 사람이 앞에 가 서면 개미만 하게 보이는 엄청나게 큰 나무다. (높이가 30m가 넘고 나무 둘레가 7m가 넘는다.)

예로부터 마을 사람들이 말 못 할 고민을 은행나무에게 털어놓고 나무는 이들을 위로해 주고 고민을 해결해 주었다고 하는 구전이 있다고 한다.

왠지 모르게 1,000년의 역사와 우리 집이 함께하는 듯했다.
나무를 만지며 생각했다. 내 이야기도 이 나무와 함께 했으면 좋겠다고.
요즘도 이따금씩 나무에게 이야기를 들려주러 가곤 한다.
한참 나무와 이야기를 하고 집에 돌아오면 마음이 평온해지는 것이 이곳에 집을 짓고 들어오길 참 잘했다는 생각이 든다.

그리고 밤이 되면 어김없이 내 방을 환하게 감싸는 달과 별을 보며 생각한다.

나도 나무에게 들려줄 이야기를 만들고 싶어 시를 쓰게 된 것이 아닌가, 하고.

---

11 보호수란 노목(老木), 거목, 희귀목 등으로 산림보호법 제13조 제1항에 의거 지정·관리되는 나무를 뜻한다.

1,000년 된 은행나무

가을 오니
여름이 또 그리운 거지

 내가 나고 자란 고향 대구, 여름이면 아프리카처럼 덥다고 해 우스갯소리처럼 붙은 별명이 있다. '대프리카' 대구와 아프리카를 합친 말이다.

 여름이면 도로 가에 연신 물을 뿌리는 살수차가 다니고 횡단보도엔 그늘막이 설치된다.
 습한 날씨와 후덥지근함이 사람을 쉽게 지치게 만들기 충분했다. 이따금씩 퍼붓는 소나기에 동남아에서 겪은 스콜이 떠오르기도 했다. 한낮에 자동차 계기판은 40℃에서 내려올 생각을 안 하고 퇴근 후엔 찬물로 샤워를 하고 나와도 이내 곧 이마에 송골송골 땀이 맺힌다.
 지독한 계절이다. 특히 대구에서는.

 내 사무실 한쪽 구석에 미처 치우지 못해 그대로 걸린 코트가 겨울을 그리워하는 듯했다.
 덕분에 한여름에 종종 겨울을 떠올리는 것이 습관이 되었다.

여름에 떠올리는 겨울처럼 지금 내가 만난 계절을 즐기기보다는 떠나보냈던 계절을 기다리는 것이 익숙해졌다. 지금을 오롯이 만끽하지 못한 탓일까, 지난 계절과 다가올 날들에 대한 미련과 설렘이 교차했다.

모든 계절엔 저마다의 이유가 다 있을 것이다.

여름을 좋아하는 이들은 여름 그 특유의 분위기와 밤공기를, 겨울을 좋아하는 이들은 무언가 모를 애틋함과 한 해의 끝자락에서 느끼는 추억, 그리고 이따금씩 찾아오는 하얀 눈에 대한 설렘을.

하지만 또 어떤 이들은 여름과 겨울의 극단적임보단 조금 더 부드러운 봄과 가을을 좋아할 것이다. 기다렸던 봄이 소중한 건 살을 에는 듯한 추위를 이겨 내고 끝끝내 새싹을 틔우는 향긋한 봄 내음 때문일 것이고, 그립던 가을이 아름다운 건 뜨거웠던 날들을 견디고 익은 열매 덕분일 것이다.

이처럼 저마다의 이유와 매력이 존재한다.

8월 어느 날, 뉴스에선 연신 열대야의 극성을 보도해 댔다. 지구 온난화로 1년 중 반년이 여름이 될 것이라는 말에 설마 하며 땀을 닦아 냈다. 밤이면 에어컨을 항상 18℃ 파워 냉방으로 켜고 겨울 이불 속에 쏙 들어가 있는 것이 유일한 낙이었다. 이때가 내가 가장 좋아하는 여름의 순간이다.

 습한 날씨의 찝찝함에서 벗어날 수 있는 유일한 피서 방법으로 낭비를 한다는 죄책감보다는 상쾌함에 순간의 행복함만 남는다. 낮에는 괜한 자존심 탓인지 자외선 차단제 한번 안 바르고 외출하던 오기를 비웃기라도 하듯 한여름 대낮의 뙤약볕은 눈살을 저절로 찌푸리게 할 정도로 얼굴을 쪼아 댄다. 연신 비를 퍼부어 대는 장마철엔 꿉꿉함에 진절머리가 날 정도다. 이 지긋지긋한 여름이 언제 끝날까 하며 가을이 오길 손꼽아 기다렸다.

 바다로, 해외로 떠나는 바캉스도 사실 필요 없었다. 여름의 한복판에서 내겐 그저 선선한 가을바람이면 족했다.

 얼마나 기다렸을까, 어느새 차를 타고 지나치는 풍경 속에서 가을의 아름다움이 느껴졌다. 한참을 돌아서 온 것처럼 멀게만 느껴졌던 계절, 그토록 기다렸던 가을이다. 지독했던 여름은 언제 그랬냐는 듯 도망치기 바쁘다. 여름은 언제나 그랬다.
 가을의 선선한 바람이 반갑던 어느 날, 더 이상 에어컨을 켜고 싶지 않은 밤이 왔다. 온몸을 쏘아 대는 땡볕을 피해 여름 내내 에어컨으로 연명하던 순간들이 이제와 보니 가장 안락했고 심지어 포근한 기억으로 자리 잡았다.

그토록 기다렸던 가을이 왔는데 여름이 그립다니.

가을을 느끼려고 애쓴 지난여름이 주마등처럼 지나갔다. 여름엔 무더위와 뙤약볕, 습한 기온에 짜증스러움이 가득 차 있었는데 막상 가을을 만나니 여름의 분위기와 냄새 그리고 싱그러움이 그리워졌다. 가을을 다시 만나며 새삼 깨달았다.

1년을 다시 꼬박 기다려야 한다는 걸.

지나고 나서야 그때의 소중함을 깨닫는다. 매번 이런 식이다. 다시 여름을 만나도 또 다시 나는 가을을 기다리고 뒤늦게 여름을 그리워할지도 모른다. 이미 익숙해져 버린 기다림에 지금을 즐기지 못하고 따늦은 후회로 계절을 모두 보낼지도 모른다.

별수 없다. 가을 오니 여름이 또 그립기도 한 걸.

그래서 나는 좋아하는 계절이 없어졌다. 좋아하는 것을 정해 두고 보지 않으려고 한다. 계절이 가지는 저마다의 매력을 오롯이 인정하고 느끼려고 노력하며 매번 만나는 계절의 익숙함에서 소중함을 잃지 않으려 애쓴다.

지나가고 나서 그리워한들 무슨 소용이냐는 말에 고갤 끄덕이며 지금을 값지게 보내려고 다시 한번 계절이 주는 냄새를 맡는다.

내가 선택한 길

 어릴 적 나는 공부와 담을 쌓고 지냈다. 공부를 곧잘 하는 모범생 누나와 자녀 교육에는 아낌없이 지원해 주었던 부모님 덕에 간신히 중상위권을 유지하는 정도였다.

 학창 시절엔 사실 공부보다는 친구들과 어울리며 일탈을 하는 것에 모든 관심이 뺏겨 있었다. 돈을 받고 '장사를 하는' 학원에서조차 내가 더 이상 학원에 나오지 않았으면 했을 정도니까.

 그랬던 내가 '행정사' 시험에 합격을 했고, 다시 한번 주변 사람들을 놀랠 선택을 했다.

 '대학원'

 스스로 대학원에 진학해 행정학과 행정법에 대해 더 공부해 보고 싶은 욕구가 차올라 내린 결정이었다. 대학이나 가겠냐는 어릴 적 주위

어른들의 핀잔에 나 또한 대학교만 졸업해도 기특하다고 스스로 생각했었다. 그런데 대학원이라니.

유명한 말이 있다.
"Impossible? I'm possible."
"Nowhere? Now here."
위트 있게 표현한 훌륭한 명언이다. 불가능에 점 하나만 찍으면 '나는 할 수 있다'는 말이 되고 어디에도 없다는 절망적인 표현을 띄어쓰기 하나로 '지금 여기에 있다'는 긍정적인 말로 뒤바뀐다.

대학원에 진학하면서 이 두 문장이 마음에 와닿았다. 할 수 있다는 긍정의 자기 최면이랄까, 짧은 문장 하나가 내게 엄청난 큰 힘이 되었다.

돌이켜 보면 삶은 선택과 결정의 연속이었다. 오늘은 무엇을 입을지, 어떤 것을 누구와 먹을지 등의 아주 사소한 것에서부터 여행과 취미 생활, 직업의 선택, 그리고 대학원 진학까지. 내가 스스로 선택해서 이루어 낸 것 중 가장 뿌듯한 일은 바로 이 대학원 진학이다. 어릴 땐 부모님의 의견이 나의 선택과 결정의 대부분을 차지했고, 어릴 적의 내가 스스로 선택하고 결정한 것은 대부분 부모님의 뜻을 거스르는 방황과 일탈이었으니.

대학원 안에서도 선택의 순간은 계속되었다.

어떤 전공을 선택할지, 어떤 교수님의 강의를 들을지, 그리고 논문

과정을 선택할지, 무논문 전형으로 수료만 할지. 순간의 선택에 따라 편안하고 부담 없는 시간을 보낼 수도, 때로는 힘들지만 더 큰 결실을 맺을 수도 있는 것이었다.

선택과 결정에는 끝없는 고민의 연속이었고 다수가 선택하는 편한 결정을 보고 유혹에 흔들리기도 했지만 내가 선택한 길의 결실을 생각하며 마음을 다잡았다.

행정사라는 직업을 택하며 행정에 대해 더 공부하고 이를 전공하고자 하는 마음과 석사라는 어릴 땐 생각지도 못했던 학위를 가질 수 있다는 생각에 과감히 대학원 진학의 길을 걷게 되었다. 냉혹하게 얘기하자면 대학원 전과 후의 차이는 크게 없는 것이 사실이다. 내 이력이 한 줄 더 추가됐다는 것과 대학원에서 얻은 경험 그리고 스스로 느끼는 만족감 정도니까 말이다.

하지만 대학원 진학을 기점으로 내가 스스로 선택한 길이 시작됐다 해도 과언이 아니다.

스스로 선택하고 결정하는 것은 정말 두렵지만 매력적인 것이다.

뒤따르는 책임 또한 오롯이 나에게만 있다. 그만큼 맺어진 결실은 더 달콤하다.

내가 선택한 길이 시작될 때 비로소 진정한 어른이 되는 첫걸음이 아닐까.

시인이 되다

뽑으려 하니 모두 잡초였지만 품으려 하니 모두 꽃이었다.

나태주 시인의 〈풀꽃〉, 개인적으로 마음에 가장 와닿은 시다.

무릇 시라 함은 어릴 적 교과서에서나 볼 수 있었던 어려운 말들로 함축된 글이었다. 도통 읽어도 이해할 수 없는, 어떤 뜻을 내포하고 있는지 쉽사리 추측하기도 어려웠다. 내게 시는 그런 글이었다.

그러나 나태주 시인의 시를 보자 '이렇게도 쓸 수 있구나' 하며 감탄과 동시에 감동의 전율을 느꼈다. 더군다나 나태주 시인의 시는 몇 글자 안 되는 짧은 글로 공감을 이끌어 내니 당시 내겐 적잖이 신선한 충격이었다.

"자세히 보아야 예쁘다"로 시작하는 나태주 시인의 가장 유명한 시 중 하나로 스물네 자밖에 되지 않은 짧은 글도 있다. 이런 글도 시로서 충분히 공감을 이끌어 내고 감동을 줄 수 있다니, 마냥 놀라울 뿐이었다.

나는 그렇게 시의 매력에 빠지게 되었다. 시에 빠지고 나니 별생각 없이 지나치던 전봇대마저도 감정이입의 대상이 되었고 시적 표현을 생각하는 습관이 생겼다. 막연히 어렵고 이해하기 어려운, 어른들의 글이라 치부해 버렸던 시가 재밌고 편하게 느껴지면서 글 쓰는 재미를 알게 되었다.

사랑의 깊이가 궁금해
마음에 돌을 던진 적이 있지요
지금도 그대 생각만 하면
가슴이 뛰는 걸 보니

그 돌, 아직도
내려가고 있나 봅니다.

커피 시인으로 유명한 윤보영 시인의 〈사랑의 깊이〉라는 시다. 개인적으로 이 시를 읽고 난 뒤 꽤 감명을 받은 터라 나도 시를 쓸 수 있지 않을까 하며 시인으로서 등단에 도전하게 된 계기가 되었다.

요즘 대부분의 사람들이 인터넷과 댓글, 짧은 메시지에 익숙해져 긴 글과 어려운 글은 읽지 않으려는 경향이 있다. 쉽고 빠르게 읽히는 글이 대세인 셈이다. 이런 풍조와 맞물려 짧은 시가 유행이 된 시대다. 나태주 시인과 윤보영 시인의 시를 접하고 난 후로 틈만 나면 시집을 사서 읽기 시작했다. 자칭 '시 팔이'(시를 파는 사람)라고 일컫는 유명 작가는 더 짧은, 몇 글자 채 되지 않은 말장난 같은 글로도 대중의 폭발적인 공감을 이끌어 내었다.

그렇다. '시'라는 것은 막연히 어려운, 어른들의 글이 아니었다. 짧은 글로도 시로서 충분히 의미를 담아내고 표현할 수 있으며 요즘 시대에 걸맞게 대중들과 충분히 소통할 수 있다는 것을 깨달았다.

감사하게도 유명 문예지에서 신인상을 수상하며 시인 등단의 꿈을 이루게 된 나는 평소 존경하던 시인의 글을 통해 깨달은 시의 의미를 되새기며 시인으로서 글을 쓰기 시작했다.

《달달한 시집》은 독자들과 함께 완성하자는 취지로 과감히 오른쪽 페이지를 모두 비워 두었다. 시를 따라 쓰는 필사를 하거나 독자들만의 창작시 또는 편지를 쓸 수 있도록 비워 둔 것이다. 독자와 함께 만들어 가는 시집, 당시 내 나름대로의 과감한 결정이었다.

혹자는 말한다. 짧은 몇 글자의 말장난이 무슨 시냐고.

내가 생각하는 시란 사람들이 쉽게 이해하기 어려운 글로 도배된 '그들만의 리그'가 아닌 시를 읽고 쓰는 누구나 공감하고 감동을 받을 수 있는 글이라고 답하고 싶다.

   시인이 된 이후로 글쓰기를 그만둘 수가 없게 됐다. 계속해서 시어를 생각하고 글감을 캐내며 많은 사람들이 공감할 수 있는 읽기 쉬운 글을 쓰는 것이 내게 큰 사명이 되었다. 시가 읽는 사람만 읽는 비주류, 비인기 문학에서 누구나 쉽게 접할 수 있는 주류가 될 때까지 아마 내 글쓰기는 계속될 것 같다.

   그게 바로 내가 시인이 된 이유가 아닐까 싶다.

46km

도심 속 고층 아파트에서 전원주택으로 가족 모두가 이사 온 지 꽤 오랜 시간이 흘렀다.

처음엔 앞으로 여기, 이 땅에 집을 짓고 살게 될 것이라고 잠깐 둘러보았을 땐, 도대체 이 먼 곳까지 어떻게 매일 출퇴근을 하며 사냐고 불평과 불만이 한가득이었다.

업무 특성상 출퇴근뿐만 아니라 거래처 방문, 출장 등 운전을 자주 할 수밖에 없는 덕분에 내 차는 5년도 채 되지 않아 주행거리가 20만 km를 훌쩍 넘어 버렸다.

46km

집에서 사무실까지 거리였다. 매일 출퇴근 거리가 90km는 기본적으로 넘고 하루 평균 120km 이상 운전을 해야 했기에 차에 들어가는 돈이 늘어 갈수록 나의 불평과 불만 또한 함께 쌓여 갔다.

학창 시절 대중교통에서 허비하는 시간이 아까워 지하철에서 책을 보던 버릇처럼, 자투리 시간이 값지다는 것을 몸소 깨우쳤기에 나의 불평과 불만은 더욱 크게만 쌓여 갔다.

오로지 이동을 위해 소비해야 했던 시간들이 아까웠고 도심에 살았다면 쓰지 않아도 될 돈이 아쉬웠다. 매일 장거리를 운전해야 하는 체력적인 부담과 교통사고의 위험성도 배제할 수 없었다. 주변 지인들도 늘어난 주행거리를 보고 "택시를 몰아도 그렇게 안 나오겠다!", "매달 그 정도 기름 값을 들이느니 월세방 하나 얻겠다!"라며 혀를 찼다. 매일 46km를 오고 가는 방법밖에 달리 없던 내 현실이 너무 답답하기만 했다.

문득 언젠가 주워들은 말이 기억이 났다.
"현실에 안주하거나 타협하지 말고 너의 미래는 네가 만들어 가는 것이다."
내 상황에 비유할 바는 아니지만 괜히 답답한 현실을 바꿔 보고 싶던 내게 좋은 동기부여가 됐다. 지하철에서 허비하는 시간이 아까워 휴대폰 대신 책을 보던 그 시절을 떠올렸다. 운전을 해야 했기에 책을 읽진 못하니 오디오북을 선택해 글을 듣기 시작했다. 글을 듣다 보니 문득 글이 쓰고 싶어졌다. 책을 읽던 습관이 듣는 습관으로 바뀌니 무언가 새로운 것을 자꾸 해 보고 싶어지는 느낌이었다.

46km 덕분에 글을 쓰기 시작했다 해도 과언이 아니다. 생각의 차이 하나로 내 모든 것이 바뀌기 시작했다. 불만으로 쌓여 가던 내 시간들은 창작의 시간으로 탈바꿈했고 운전하는 것이 기다려질 정도가 됐다. 글을 들으니 읽는 피로감도 없어지고 집중력이 흐트러지지도 않았다. 듣는 순간 자연스레 영감이 떠올라 나만의 글이나 시어가 샘솟았다.

생각을 바꾸니 불만의 시간들이 도리어 내게 꼭 필요한, 이젠 없어서는 안 될 시간이 되었다.

만약 46km의 시간들을 여전히 불평과 불만을 쏟아 내며 다녔다면 어떻게 됐을까. 스스로 불행을 만들어 더 불만이 가득한 불행한 삶을 살고 있지 않았을까. 아니, 좋은 집을 두고 도심 속 단칸방에서 외롭게 살아가고 있을지도 모를 일이다.

환경은 삶에 가장 중요한 부분 중 하나다. 그런 불행 속에서 내가 글을 쓸지도 만무하고 쓴다 하더라도 그렇게 뱉어 낸 글들은 하나같이 부정적인 쓰레기에 불과했을 것이다.

내 하루의 시작과 끝을 달리는 46km.
가장 소중하고 값진 거리다. 배움의 시간이기도 창작과 고뇌의 시간이기도 스트레스를 날려 줄 사색의 시간이기도 한 거리다.

생각을 바꾸는 것. 내가 한 가장 쉬운 일이자 중요한 일이었다.

전원주택 내 방에서 바라본 아침

겨울은 사랑하는 계절이래요

겨울은 춥지만
따뜻한 계절이래요

반짝이는 캐롤이
흩날리는 첫눈이

마냥 춥진 않은
설레는 계절이래요

Chapter 4
겨울

뫼비우스의 띠

세 자릿수였다. 성인이 되고 난 후의 내 몸무게 말이다.

어릴 적부터 태권도와 검도, 복싱 그리고 미식축구까지 취미 삼아 꾸준하게 했던 운동 덕에 마냥 뚱뚱해 보이기보다는 덩치가 커 보였던 것이 사실이다.

전문적인 웨이트 트레이닝을 배우고 체중을 30kg가량 감량에 성공해 보기도 했다.

그러나 친구들을 좋아하고 술을 좋아하는 생활 패턴과 유한 성격 탓인지 혹독하게 감량한 체중은 계절이 바뀔 때마다 고무줄처럼 돌아오곤 했다. 내 옷장에는 허리 28인치부터 38인치까지 사이즈별로 옷이 걸려 있었고 옷을 사러 매장에 가면 항상 첫마디가 "가장 큰 사이즈가 무엇인가요?"이었다.

다행히 패션에 그다지 관심이 없었고 무채색의 심플한 디자인의 옷이나 정장 계열의 옷을 즐겨 입었다. 그도 그럴 것이 20대 대부분을 경호원으로 일을 했으니 주로 입는 옷은 정해진 것과 다름없었다.

스무 살이 되던 해, 당시 또래들에겐 남자, 여자 가릴 것 없이 코나 쌍꺼풀 같은 성형수술을 하는 것이 유행이었다. 나 또한 성형 수술을 하려고 굳게 마음을 먹고 있었지만 걸리는 것이 하나 있었다. 바로 '다이어트'였다.
"살 빼고 성형 수술 해야지."
"이번에는 한 20kg 정도만 빼고 하자."
그러던 것이 벌써 10여 년이 흘렀다. 여전히 성형 수술은 "다이어트 하고 난 후에!"라는 핑계로 생각만 하는 중이다.

솔직하게 말해서 체중 감량에는 이제 도가 텄다고 해도 과언이 아니다. 감량을 하는 방법도 노하우도 있지만 살을 뺀 후에 이른바 '요요 현상'을 겪지 않고 오랫동안 유지하는 것이 가장 힘들다. 아니, 거의 불가능에 가깝다. 식단 관리와 운동을 그만두지 않고 꾸준하게 지속해야 가능하다는 것쯤은 충분히 알고 있지만 약 3개월에서 6개월 정도 엄격한 식단 관리와 운동을 통해 목표 체중에 도달했을 때 나의 정신 상태는 이미 지칠 대로 지친 후라 더 이상 식단 관리를 이어 나갈 수 없다.

염분과 당, 그리고 탄수화물 섭취 제한, 단백질과 야채 위주의 식사, 술은 당연히 마실 수 없고 매일같이 쳇바퀴 돌듯 러닝머신 위에서 하루를 마감하는 삶이 만약 1년 이상 이어져야 한다면 나는 아마 돌아 버렸을지도 모른다. 덕분에 여름에 두 자릿수였던 내 체중은 늦가을쯤이면 다시 세 자릿수로 돌아와 이따금씩 보는 지인들이 항상 놀라곤 하는 것이 익숙해져 버렸다.

나의 다이어트 계획에도 일정한 루틴이 있는데 '봄, 여름'에는 감량된 체중으로 살다가 '가을, 겨울'에는 요요 현상을 겪고 다시 다이어트를 하는 기간으로 삼는 것이다. 이렇게 나름 일정한 루틴으로 지낸 지 어언 10년이 다 되어 가는데 이번엔 이 루틴마저 깨져 버렸다. 다시 감량을 해야 하는 기간인 '가을, 겨울' 동안 코로나19 때문에 다이어트를 하지 못했기 때문이다. 덕분에 인생 최대 몸무게를 매일 갱신하고 있다.

일주일에 3일 정도는 헬스장에 나가 운동을 하고 있지만 스스로 핑계를 찾기 바쁘다. 이미 여러 번 해 봤다고 언제든지 해낼 수 있다고 자만하는 중이다.

어느 유명 정치인의 말이 떠오른다.
"핑계로 성공한 사람은 가수 김건모밖에 없다."
그렇다. 핑계와 자만의 안일함으론 성공할 수 없다. 죽을힘을 다해 노력조차 하지 않으니 스스로 '최선을 다했다'고 위안 삼을 수도 없다.

여전히 나의 다이어트는 뫼비우스의 띠와 같이 도돌이표다. 언젠간 말할 날이 올지 모르겠다. 이 뫼비우스의 띠를 끊고 이루어 냈다고. 최선을 다했다는 것은 핑계에 지나지 않는다고 말이다.

할 줄 아는 게 없어

 불행인지 다행인지 나는 어린 시절부터 게임과는 거리가 멀었다. 캐릭터를 키우는 게임에서부터 스포츠 게임, 총을 쏘아 대는 전쟁 게임까지, 또래 친구들 모두가 즐기는 게임을 나는 전혀 즐기지 않았다.
 "PC방 가자."라는 말이 세상에서 제일 지루했다. 나는 PC방에 가도 할 수 있는 게임이 없어 친구들을 따라 가게 되면 컴퓨터에 다운로드되어 있는 철 지난 무료 영화만 보며 시간을 때우기 일쑤였다.

 여느 또래들이 즐기는 게임을 하지 않아 친구들과 어울리지 못하는 것이 어릴 적 내겐 스트레스로 다가왔다. 친구들로부터 소외되는 시간들이 늘어남에 따라 스트레스는 늘어났고 자괴감까지 들기 시작했다. 시간이 지나며 '꼭 게임을 해야 어울릴 수 있는 걸까?'라는 생각이 들기 시작했고, '그렇게 어울리지 않아도 괜찮다'는 생각이 자리 잡았다. 오히려 외면하기 시작했다. 게임을 배울 수도 또 다른 취미를 공유할 수도 있었지만 그렇게 하지 않았다.

학창 시절 컴퓨터 게임이었던 또래들의 취미는 나이가 들어 가면서 고스톱이나 레이싱, 골프와 같은 분야로 점차 바뀌기 시작했다.

무언가 반발심 같은 것이 생긴 걸까.

30대가 된 나는, 어린 시절 컴퓨터 게임으로부터 오는 소외감이 점차 다른 취미들로까지 이어졌고, 여느 또래들이 즐기는 스포츠나 단순한 취미 생활조차 즐기지 않게 되었다. 골프를 배워 함께 필드에 나가거나 주말 오후엔 스크린 골프나 치러 가자는 친구들의 성화에도 무언가 어린 시절부터 지켜 오던 신념처럼 끝끝내 배우지 않고 버티며 고집을 부렸다.

그럴 때마다 습관처럼 내뱉는 말이다.
"할 줄 아는 게 없어."

10대 그리고 20대 때까지만 해도 또래들이 즐기는 취미를 공유하지 못하고 이따금씩 그것 때문에 어울리지 못하는 내가 한심해 보이기도 했고, 밀려오는 소외감에 외로운 적이 많았다. 하지만 30대에 접어들면서 지금껏 가진 강박관념과 같은 '취미 공유'로부터 오는 소외감에서 마침내 자유로워졌다. 그들이 즐기는 골프와 같은 게임을 배우기 위해 투자하는 시간과 노력을 나는 홀로 책상에 앉아 글을 쓰는 시간으로 보냈다. 글을 쓰다가 친구들이 돌아오면 함께 술을 마시고 놀며 마음 한

편에 자리 잡았던 소외감을 떨쳐 냈다.

 돌이켜 보면 '시간 때우기'와 같은 '마땅히 할 것이 없어서', '심심해서'라는 명목으로 삼삼오오 모여 당시에 가장 흥미로운 즐길 거리를 함께한 것이었다. 물론 '함께'하는 것으로부터 오는 친밀감과 우정, 추억 같은 것이 분명 있을 것이다. 나는 그것을 얻지 못했지만 대신 사색에 잠기는 것을 즐기게 되었고 글 쓰는 취미와 오롯이 나를 위한 시간을 즐기게 되었다.

 '함께'하지 않아 또 다른 무언가를 얻게 되었고 지금의 '나'를 만나게 될 수 있게 되었다고 생각한다. 가끔 '그때 함께했다면 어땠을까' 하고 후회 아닌 후회나 미련과 같은 생각으로 상상을 해 보기도 하지만 취미를 함께 하지 않아 친구를 잃은 것도 결국 함께하지 않은 것도 아니었다.

 누군가 다수가 하는 일에 함께하지 못해 고민이라면 꼭 말해 주고 싶다.
 네가 할 수 있는 일을 하면 된다고.
 그것이 결국 '함께'하는 것이라고.

사진을
찍는 이유

TV에서 사람들이 왜 사진을 찍는지에 대한 이야기가 나왔다.

대개는 그때의 시간을 기억하기 위해 찍을 것이고 어떤 사람들은 자신의 아름다움을 뽐내기 위해서 찍을 것이다.

휴대폰에 카메라가 내장되어 나오고 그 화질과 기술력이 전문 카메라를 뛰어넘는 수준이 되었다. 매일 내 얼굴을 찍어 대는 셀카(selfie)가 하나의 문화로 자리 잡은 지 오래되었고 카페나 식당에선 음식이 나오면 손대지 않은 채 플레이팅된 접시를 찍기 바쁘다.

문득 궁금해졌다. 매일같이 먹는 음식을 매번 여러 장 찍으면 어디다 사용하려고 그렇게 바삐 찍어 댈까. 특별한 날도 아닌 평상시에 평소와 같은 내 모습을 찍는 건 혹시 10년, 20년 뒤에 지금의 나를 기억하려고 찍는 걸까. 사진 찍는 것이 당연한 일상이 되어 버린 요즘, 어른들은 왜 그 순간을 오롯이 즐기지 못하고 사진 찍는 것에 목매는지 혀를 차며 어리석음을 논한다.

어른들이 뱉어 내는 안타까움을 느꼈을 땐 '아 그럴 수 있겠구나' 하고 내심 동의했다. 그러던 어느 날 '여행지에서 사진에 목매는 것이 과연 그 순간을 즐기지 못하는 것일까' 하는 내가 가진 의문과 같은 흥미로운 연구 주제가 실린 칼럼을 읽게 되었다. 질문에 대한 답을 얻기 위해 진행된 실험은 그림 전시회에서 A와 B로 그룹을 나눠 A그룹의 사람들에겐 카메라를 주며 사진을 찍게 했고 B그룹의 사람들에겐 카메라를 주지 않고 오롯이 전시회를 감상하게 한 것이었다.

결과는 어땠을까.
어른들이 혀를 차며 논하던 어리석음이 과연 정답이었을까.
연구 결과는 놀랍게도 전혀 달랐다.

사진을 찍은 A그룹의 사람들이 오히려 전시회에 훨씬 더 집중하고 이해했으며 기억 또한 오래했다. 사진을 찍기 위해 구도를 파악하고 보다 그 공간을 입체적으로 보려고 노력했으며 사진을 찍는 재미가 더해져 전시회를 더욱 선명하고 즐겁게 감상했다는 것이다.

사실 나도 어른들의 질책에 수긍하며 콘서트나 여행지에서 일부러 카메라를 내려놓고 그 순간을 즐기려 노력한 적도 있었다. 사진을 찍어대는 하나의 문화를 따라가기 위해 의미 없이 이 순간들을 놓치고 있는 것이 아닐까 스스로 자책하기도 하면서 말이다. 그러나 연구 결과에서도 알 수 있었듯이 사진에 목맨다는 부정적인 생각이 바뀌는 데까지는 그리 오랜 시간이 걸리지 않았다. '요즘'은 무언가 다르다고 생각했다.

사람들이 사진을 찍는 이유가 단순히 그 순간을 기억하려는 의미를 넘어 또 다른 의미가 있을 것이라고 말이다. 다시 사람들을 생각해 봤다. 평소와 다름없는 똑같은 얼굴을 매일같이 찍어 대고 특별할 것 없는 커피와 파스타를 사진작가처럼 열정적으로 찍는 모습을 떠올려 봤다.

왜?
매 순간순간을 모두 사진으로 남기는 버릇이 있는 요즘, 그 많은 사진들을 도대체 어디에 사용할까. 바로 SNS다. 특히 실시간으로 사진을 올려 현재 내가 어디에 누구와 있고 무엇을 하는지까지 공유하는 것이 일종의 문화가 되었다. 가령 SNS에 음식 사진을 올림으로써 누군가는 "아, 나도 어제 같은 걸 먹었는데."라든가, "나도 먹고 싶다. 맛있겠다."라며 공감한다.

또 "지금 나도 거기 근처에 있는데.", "나도 지난주에 거기 가 봤어."라며 이로 인한 기본적인 안부를 자연스레 묻게 되고 상호 유대감을 형성하는 것이다. 무언가 계기가 있어야 연락을 취해 본다거나 누군가를 대신해 안부를 전하는 시대는 지났다. 결국 매 순간순간의 사진을 통해 함께 소통하는 것이다.

그렇다. 사진을 찍는 이유의 답은 소통이었다. 특별한 순간을 남기기 위해 찍는 사진이 아닌 매 순간순간을 소통하기 위해 사진을 찍어 댔던 것이다. '인생네컷'과 같은 옛날 스티커 사진의 한 부류가 하나의 놀이 문화로 다시금 정착이 되고 SNS가 인생의 중요한 한 부분을 차지하고 있는 요즘, 사진은 단순히 그 순간을 기억하기 위한 도구가 아닌 사람들과의 소통을 위한 매개체였던 것이다.

매일같이 먹는 커피와 음식을 찍는 이유도 어제와 별다를 것 없는 내 모습도 모두 사람들과 소통하기 위해서 사진을 찍는 것이었다. 나 또한 SNS에 사진을 업로드하며 사람들과 소통하고 유대감을 형성한다. 사진과 짧은 글. 그것이 바로 요즘의 언어다.

윌리엄 앨버트 애러드가 말했다.
"언어와 사진은 그 둘 중 한 가지로만 소통할 때보다 함께 소통할 때 훨씬 강력해질 수 있다."
작가로서 글을 통해 소통하는 매력에 더해 사진과 함께하는 책은 더욱 독자와 가까워질 수 있지 않을까 하고 말이다. 그래서 이야기에 더해진 내 사진들을 함께 이 책에 실었다.

여러분들과 조금 더 가까워지려고.

핑계

 사람을 만나면서 가장 견디기 힘든 것 중 하나가 그 사람의 핑계를 듣는 일이다. 핑계를 가만히 듣고 있자면 짜증이 나면서 얼굴은 어느새 일그러진다. 정말이지 참기 힘든 시간이다. 사실을 감추거나 잘못한 일, 지키지 못한 일에 대해 이를 회피하려고 이리저리 돌려 말하며 구차한 변명을 하는 일을 핑계라 일컫는다. 아마 이 글을 읽는 모든 이들은 '핑계를 좋아하는 사람이 누가 있겠어'라고 생각할 테지만 그중 누군가는 자기 자신이 핑계를 늘어놓는 사람이란 것을 인정하지 못할 것이다. 핑계는 당연하게도 싫지만 자신도 모르게 하는 일종의 버릇이다.

 한동안 가깝게 지냈던 지인이 있다. 그분은 젊은 시절 아주 대단했다고 한다. 아르바이트로 생활비를 충당하던 여느 또래들과는 달리 특출한 사업 수완으로 당시 한 달에 많게는 수천만 원이 넘는 돈을 벌어들이며 대학을 다녔다고 자랑했다. 그러나 나이가 든 지금은 달랐다. 마흔을 바라보는 나이에 야식 시켜 먹을 돈이 없어 부모한테 손을 벌리는 처지가 되었다. 현재를 헤쳐 나가기보단 신세 한탄과 과거 회상으로 삶을 연명하는 듯했다. 도대체 왜 그러고 사는지 사실 도무지 이해가 가지 않았다.

어느 날 진심으로 그가 걱정스러워 조심스럽게 질문을 했다.
"요즘 사업은 잘돼 가나요?"
"좋은 소식은 아직인가요?"
마흔에 가까운 나이에 백수와 다름없는 생활을 하는 그의 대답은 항상 핑계였다. 경제가 어려워 사업이 녹록지 않다든가, 서울이 아닌 지방에서의 삶은 한계가 있다든가 하는 핑계 말이다. 안타까움을 넘어 한심해 보이기까지 했다.

핑계는 성공과 거리가 먼 행동이다. 진심 어린 조언과 걱정 그리그 다시 일어서기를 바라는 마음에서 우러나오는 내 도움에도 불구하고 자기변명만 늘어놓는 그분과는 결국 거리를 둘 수밖에 없었다. 가깝게 지내면 지낼수록 그 사람의 핑계를 듣는 내 시간이 아까워지기 시작했고 나도 마찬가지로 패배자가 된 것 같은 부정적인 기분마저 들기 시작했기 때문이다.

그분에게서 듣는 핑계는 현재 본인 삶에 대한 변명일 뿐이니까.

최근 전 세계적인 전염병으로 모두가 힘든 시간을 보냈다. 하지만 느군가는 전염병을 핑계로 세상을 원망하고 신세 한탄만 하며 시간을 낭비하는데 다른 누군가는 전염병을 계기로 기회를 만들어 새로운 도전을 해 성공했다.

이처럼 핑계의 반대말은 성공이라 해도 과언이 아니다.

세계적인 기업인 알리바바 그룹의 마윈 회장은 지적했다.
"핑계는 유독 가난한 사람들에게 많다."

왜 그런 것일까.

가난한 사람들은 대체적으로 큰 기회가 온다면 그것이 속임수는 아닐까 의심하고 안정적인 투자라고 말하면 돈을 별로 못 번다고 그 상황을 한탄한다고 한다. 새로운 사업은 경험이 없어 망설이고 전통적인 사업은 레드오션이라 어렵다고 망설인다. 동업을 제안하면 자유가 없어서 싫고 독립적인 사업은 전문가가 없어 고민이라고 말한다.

이처럼 핑계는 끝이 없다. 핑계를 듣는 일을 유독 견디기 힘들어하는 나는 "최선을 다했다는 것은 최고가 되지 못한 자들의 변명일 뿐이다."라는 내 좌우명에서조차 핑계를 멀리하고자 하는 마음이 드러난다.

나는 항상 과거보단 지금을 만족하고 미래를 꿈꾼다. 무언가 실패를 하면 최선을 다했다는 핑계보단 다시 그것을 이루기 위해 준비를 한다.

내 스스로가 부끄럽고 자존심이 상해서라도 핑계는 댈 수가 없다. 핑계와 같은 변명은 패배자들이나 하는 수치스러운 행동이라 생각하며 더욱 이를 회피하고자 노력한다.

그 어떤 책이나 강연, 명언들과 같은 배움에서 핑계를 감싸고 두둔하는 것을 본 적이 없다. 핑계는 백해무익하다. 핑계에서 오는 자기 위안은 일시적인 현실 도피일 뿐이지 결코 이로울 수가 없다.

앞으로도 살면서 무언가 실패를 할 수도, 하기 싫은 일을 해야 할 때도 절대 핑계를 대지 않으려고 부단히 노력할 것이다.

나이가 들어 단순히 '성인'이 되기보다는 핑계를 대지 않는 '어른'이 되고자 노력할 것이다.

자기의 선택에 피하지 않고 책임질 줄 아는, 핑계가 아닌 방법을 찾는 어른 말이다.

첫눈

 어렸을 땐 첫눈을 기다렸다. 특히 크리스마스이브에 첫눈이 오길 기도하곤 했다. 가을쯤 새끼손톱에 봉숭아 물을 들이고 첫눈 올 때까지 빨간 손톱이 남아 있어야 소원이 이루어진다는 말을 믿고 새끼손톱만 길게 남겨 둔 적도 있었다. 그만큼 첫눈은 듣는 것만으로도 기다려지는 설레는 말이었다. 하지만 언제부터인가 뉴스에서 어느 지역에 첫눈이 내렸다든가 하는 소식을 보고서야 '이제 겨울이구나' 하는 정도가 되어 버렸다.

 첫눈이 더 이상 설레지 않는 어른이 되어 버린 걸까.

 곰곰이 생각해 보니 눈이 펑펑 쏟아진 다음 날 땀을 뻘뻘 흘리며 커다란 눈사람을 만들기도 했고 친구들과 놀이터에서 눈싸움을 하기도 했다. 눈이 설레지 않기 시작한 것이 언제부터였는지 기억이 도통 나질 않았다.
 군대에서 가볍게 흩날리는 눈을 보고 "와, 눈이다."라고 신나 했다가

'하늘에서 내리는 쓰레기'라는 말을 뼈저리게 느끼기까지 불과 며칠이 걸리지 않았을 때부터였을까. 아님 운전을 하기 시작하며 눈길이 미끄럽고 차가 막혀 답답함을 느꼈을 때부터였을까. 어쨌든 첫눈이 내리는 것은 더 이상 내게 설레는 일이 아니게 됐다.

더 이상 눈을 좋아하지 않게 된 것을 깨달은 후로 어른이 되었다는 생각보다 순수함을 잃고 나이가 들었다는 생각에 괜히 씁쓸해졌다.

하지만, 이런 순수함을 잃은 어른에게 그래도 여전히 눈은 잠시나마라도 설렘을 느낄 수 있는 매개체 역할을 한다. 소복이 쌓인 눈을 치우기 전, 아무런 밟힘도 없는 새하얀 눈을 바라보고 있자면, 때 묻지 않고 더러워지지 않은 이 모습을 잠시나마 간직하고 싶다는 생각이 들곤 한다. 적어도 신발이 젖고, 1g도 채 되지 않을 것 같은 눈송이가 이처럼 무거울 수 있냐는 생각이 들기 전까지 말이다.

몇 해 전 겨울, 전국적으로 폭설이 내린 날이 유독 많았다. 첫눈의 설렘이나 기다림 같은 것은 찾아볼 수 없고 폭설로 인한 피해 뉴스만 연일 보도될 뿐이었다. 나 또한 폭설로 인한 교통체증이나 안전사고 같은 것들만 걱정되었고 집 앞에 눈을 치울 생각에 한숨이 저절로 나왔다.

매일 같은 눈 소식이 지겨워질 때쯤 우연찮게도 시인으로 왕성히 활동하던 어르신 한 분과 차 한잔할 수 있는 기회가 생겼다. 찻집으로 오는 길에 그새 어깨에 쌓인 눈을 털어 내며 환하게 웃으시는 그분과 담소를 나누며 눈에 대한 생각을 다시 하게 되었다.

　나보다 훨씬 살아온 세월이 많은 어른인데도 불구하고 여전히 눈 내리는 것을 기다린다고 하셨다. 특히 시인은 나이가 들어서도 순수함을 잃으면 안 된다며 첫눈이야말로 시로 표현하기 가장 좋은, 감성 그 자체라고 하셨다. 잠깐이라도 눈을 보며 때 묻지 않은 순수함을 지키고 싶은 그 마음을 가만히 들여다보면 첫눈을 다시 기다릴 수 있게 될 것이라는 희망을 함께 주면서 말이다.
　어른이라는 이유로, 여러 일에 치여 바쁘게 살아가야 한다는 이유로, 겨울날 새하얀 첫눈의 설렘을 외면한 건 아닐까?

　순간순간 우리에게 가장 중요한 건, 어린 시절 첫눈을 기다리던 그 설렘일 텐데.

　올겨울에는 모처럼 기다려 보려고 마음먹었다. 첫눈이 가져다주는 그 설렘의 순간을.

그리고 봄

기다림의 대상은 항상 봄이다

겨울이면 봄이 멀지 않았다고

매서운 칼바람을 견디는 나뭇가지도
겨우내 얼었던 흙도
잠자던 다람쥐도

파릇한 새싹을
향긋한 봄 내음을
기다린다

그래서
봄을 기다리며 놓친 겨울이
그리움의 대상인가 보다

지나간 겨울이 아쉬워
봄을 기다리나 보다

Chapter 5
그리고 봄

친구

'친할 친(親)'에 '옛 구(舊)'를 써서 친구(親舊), 오래 두고 사귄 벗이라는 한자다. 옛날에는 친구라는 호칭을 함부로 쓰지 못했다고 한다. 옛날 어른들은 '친구'라고 부르면 "네가 살면 얼마나 오래 살았다고!" 하며 핀잔을 듣곤 했다고 한다. 오래 두고 사귄 벗, 그만큼 믿고 의지하며 삶에 전부라 해도 어색하지 않을 만큼 중요한 의미여서 그렇지 않을까.

나는 항상 친구가 우선순위였던 삶을 살았다. 어릴 때부터 함께 자라온 친구, 학교 친구, 학원 친구, 저마다 각각의 친구가 나뉘어 내 삶에 중요한 부분을 차지했다. 친구를 빼면 과연 나를 설명할 수 있을까 의문이 들 정도로!

처음으로 친구를 사귀게 된 건 어릴 적 우리 집 아래층에 살던 재범이라는 친구였다. 매일같이 놀이터에서 흙장난에 숨바꼭질, 땅따먹기와 같은 놀이를 함께 하고 가끔은 자전거 경주를 하기도 했다. 매일같이 꼭 붙어 다니던 재범이는 어느 날 갑자기 이사를 가게 되어 떠나 버렸다. 꼭 다시 만나자고, 편지하자고 서로 손가락 걸고 약속했지만(그 시절에는 편지지와 우표를 사던 시절이었다.) 이제는 얼굴도 기억나지 않는 기억 저편의 추억으로만 자리 잡았다. 하지만 수십 년이 지난 지금에서도 나는 친구라는 말을 들으면 내가 태어나서 처음으로 사귄 친구였던 재범이가 으레 떠오르곤 한다.

어릴 때부터 또래보다 유달리 덩치가 큰 편이었던 난 항상 교실에서 맨 뒷자리를 배정받았고 자연스레 키가 크거나 덩치가 있는 교실 뒷자리 친구들과 가깝게 지내게 되었다. 덩치가 크다고 결코 힘자랑을 하거나 친구들을 괴롭힌 일은 없었다. 하지만 같은 장난을 쳐도 덩치가 작은 친구가 하는 행동은 친구끼리의 장난, 내가 하면 괴롭힘이 되기 일쑤였다.

큰 덩치 탓에 어른들의 선입견과 이에 대한 억울함으로 외려 위축되곤 했다. 내가 교실 자리 배정에 따라 자연스럽게 어울리게 된 친구들이 하나같이 키가 크고 덩치가 있는 친구들이라 함께 다니면 무슨 이유에서인지 안 좋게 보는 시선이 많았고, 이에 대한 반항심 때문에 사춘기도 또래보다 조금 빨리 온 것 같았다.

'하지 마라' 하면 더 하고 싶은 것이 사람의 본능 아니겠는가!
덩치 큰 애들끼리 어울리지 말라던 선생님의 훈계에 나는 친구들과 더 똘똘 뭉쳐 다녔다. 그렇게 나는 친구들과 보내는 시간이 당연해졌고 친구들이 소중해지기 시작했다. 시간이 지나며 친구에 대한 소중함이 익숙함이 될 무렵, 내 곁엔 다양한 친구들이 오고 갔다. 여전히 어른들에게 눈총을 사는 친구들도 있지만 소위 모범생으로 일컫는 친구들도 꽤 많아졌다. 항상 친구를 우선순위로 두는 성향 덕분인지 내 주위엔 늘 다양한 스펙트럼의 친구들이 존재했다.

 돌이켜 보면 내 좌우명이나 다를 바 없던 스스로의 약속인 "최소한 적은 두지 말자."라는 신념이(지금은 바뀌었지만) 친구를 중요시하던 내 성격에서 나온 것이 아닐까 싶다.
 또래보다 컸던 체구, 친구가 우선순위였던 삶, 적을 두지 않기 위한 다양한 부류의 친구들과 교제….
 이따금씩 사람들은 내게 말한다.
 "너 주변엔 정말 다양한 사람들이 많은 것 같아."
 "정말 발 넓다!"
 하지만 나는 그때마다 속으로 생각했다. 많은 친구들이 있다는 게 마냥 좋은 것만은 아니란 것을.

 인맥이 넓진 않지만 정말 깊은 관계의 절친 한두 명이 어쩌면 더 소중하다는 것을 말이다. 많은 친구를 사귀고 여전히 친구를 소중히 생각하지만 과연 내게 속을 모두 털어놓을 수 있는 깊은 친구가 있을까 의문이다.

최근에 엄청 가깝게 지내던 친구와 의절했다. 곰곰이 생각해 보면 별 것 아닌 오해겠지만, 굳이 노력해서 오해를 풀 이유도 마음도 없었다. 그렇게 친구 한 명을 잃기도 했다. 친구가 항상 먼저였고 가장 소중한 가치였던 나는 이제야 새삼 깨닫는다. 가장 소중했던 것이 한순간에 가장 가벼운 것이 될 수도 있다는 것을.

이 글을 읽는 내 친구들에게는 미안한 말이지만 어느 매체에서 던진 질문이 스치듯 떠오른다.
"미래의 내 자녀가 지금 나의 친구들 중 누구와 닮았으면 좋겠는가? 내 자녀가 닮길 바라는 친구가 곁에 없다면 너는 실패한 것이나 다름없다."
그렇다. 항상 우선순위였던 소중한 내 친구들, 그 많은 친구들 중에서 과연 내 자녀가 닮았으면 하는 친구가 있을까?

가장 가벼울 수 있는 것을 나는 여태껏 가장 소중하게 여기며 살아온 것이 아닐까 하는 회의감과 인간관계에서 실패한 것과 다름없다는 말이 마음속을 맴돈다.

그래서 옛날 어른들이 그랬던 걸까.
"네가 살면 얼마나 오래 살았다고!"

다름과 그름

대학 시절, 강의 중 한 학기에 걸쳐 제출하는 중요한 과제가 하나 있었다. 그것은 바로 하나의 사회적인 이슈에 대해 보수, 그리고 진보 성향의 각 언론에서 보도하는 방향과 그에 따른 내용이 어떻게 달라지는지 분석하는 것이었다.

국가 재난에 준하는 큰 사고나 전국적으로 이슈화된 사회적 문제에 대해 '에이, 팩트가 있는데 중립적으로 보도할 의무가 있는 언론이 크게 뭐 다르겠어?'라고 생각했지만 그것은 큰 오산이었다. 사건 사고에 대해 중점을 잡는 것과 그 결과에 대한 원인, 책임론을 부각하는 시각은 내용에서도 크나큰 차이를 보였고 독자로 하여금 자연스럽게 각 언론의 성향에 맞는 정치색을 입히기에도 꽤 효율적이었다.

갓 스물의 나는 순수하다 못해 무지했지만 각 언론매체의 성향에 따라 달라지는 보도의 내용을 비교 분석하며 매일같이 과제를 제출하던 그때, 난 비로소 나만의 정치 성향을 정립할 수 있게 됐다. 나름의 공부를 통해 나만의 관점으로 사회적 이슈를 바라볼 수 있게 됐을 땐, 내 세상은 이분화되어 있었다. 남과 북, 좌와 우, 내 편과 적.

무언가를 더 배우고 알게 됐다는 뿌듯함보다는 씁쓸함이 몰려왔다. 사실 세상은 그게 전부나 다름없었지만 말이다. 내가 얻은 지식을 바탕으로 논리정연하게 내 가치관을 남에게 설명하거나 이해시키려 부단히 노력했지만 전부 허사였고 종교와 정치는 강요할 수 없는 절대적인 것이란 것을 깨달았다.

사상 초유의 일이 벌어졌다. 한 나라의 대통령, 심지어 우리나라에서 탄핵이라는 사태가 벌어진 것이다. 대통령 선거는 항상 추운 겨울이었지만 이제는 겨울이 아닌 봄에 시행되게 됐다.

사람들은 언론에서 보도하는 내용을 읊어 대며 대통령을 비난하기에 바빴고 심지어는 헤드라인만 보고 내용을 유추해 앞다투어 욕하기 바빴다. 누가 더 신랄하게 비판하는지에 따라 그 사람의 지식을 뽐내는 듯한 분위기가 조성됐다. 흔히 일컫는 '깨시민'으로서 정치인을 비난하는 것을 자랑삼았다. 언론의 무서움이랄까.

대학 과제를 제출하던 때부터 생긴 각기 다른 성향의 언론보도를 비교 분석하는 것이 버릇이 된 나는 보다 객관적으로 사태를 바라보는 시각을 가지려 애썼다. 그 후 불과 몇 년 새 '내가 하면 로맨스, 남이 하면 불륜'이라는 말의 줄임말로 '내로남불'이라는 신조어가 탄생되고 지금껏 그래 왔던 것처럼 정치권에선 너 나 할 것 없이 부패와 범죄의 온상이 됐다. 굳이 그들을 비난하고 싶지도 않았다. 입장 바꿔 생각해 내가 그 자리에 있다면 과연 나는 떳떳할 수 있을까 하는 의구심이 들기도 했으니까 말이다.

나는 줄곧 어떤 한 사건이 발생했다는 언론보도를 보면 나와 반대되는 성향의 언론보도를 먼저 찾아본다. 나와 다른 시각을 먼저 알고 싶은 마음에서다. 혹시나 내가 잘못 생각할 수도 있는 일이고 지피지기면 백전백승이라니까! 내가 느끼고 생각한 것과 전혀 상반되게 글을 써 내려간 기사를 보면 소름 끼치게 신기할 정도다. 사람이란 게 생각하는 것이 이렇게나 다르구나 하고 새삼 놀라기도 한다. 그러면서 속에서 작은 의심이 하나 싹을 틔운다.

'곡학아세'[12]
문득 사자성어가 떠올랐다. 그들도 정답을 알고 있지 않을까? 정답을 알면서도 눈앞의 이익을 위해서 모르는 척 연기하는 것이 아닐까? 정답과 반대되는 말을 해야 얻을 수 있는 이익이 분명 있지 않을까? 하고 말이다.

---

12 스스로는 제대로 알면서도 자신의 이익을 위해 일부러 잘못된 지식을 설파한다는 의미의 사자성어.

나와 다르다고 배척하거나 차별하는 것은 분명 잘못된 일이다. 하지만 같고 다름의 문제가 아닌 옳고 그름의 문제라면 어떨까. 틀린 것을 옳다고 인정해 주는 것이 과연 올바른 것일까?

책을 한 권만 읽어 본 사람이 가장 무섭다는 말이 있다. 무식한 사람이 신념을 가지는 것과 같은 맥락이다. 단 한 권의 책을 읽고 그것이 마치 세상의 전부이자 진실인 듯 떠드는 것이다. 차라리 내게 정립된 이 가치관이 틀린 것이길 바라는 것이 어쩌면 속 편할지 모르겠다.

다름과 그름, 그 차이를 우리 모두가 깨닫게 되는 그날이 꼭 오길.

반복의 중요성

독일의 심리학자 헤르만 에빙하우스의 《기억에 관하여》라는 책에서는 시간이 지날수록 학습한 내용을 얼마나 기억하는지에 대한 그래프를 연구해 '망각곡선'이라는 연구 결과를 제시했다. 망각의 속도를 극복하는 방법으로 학습 내용을 반복적으로 훈련하는 것이 중요하다고 했다. 이처럼 '반복'은 무언가를 기억하거나 성공하는 데 있어서 가장 중요한 요소다. 하지만 '반복'이라는 단어 자체가 주는 부담감과 지루함은 어쩔 수가 없다. 하고 싶은 것이나 좋아하는 것은 어제 하고 오늘 또 했다고 '반복'한다고 느끼지 않으니.

헤르만이 말한 '반복'은 좀 더 깊은 의미를 가진 것 같다. 그가 말한 망각곡선에 관한 내 경험을 이야기해 볼까 한다.

시험에 합격하기 위해 단순 암기를 반복적으로 해야 성공하는 것처럼 반복은 사실 모든 일에 필요하다. 글을 쓰는 것도 반복의 연속이다. 시집을 한 권 내기 위해서는 최소 100편 이상의 시가 필요하다. 100편의 시를 쓰기 위해서 글쓰기를 얼마나 반복할까. 살을 빼고 몸을 만드는 데도 반복은 당연하다. 매일 반복하는 운동, 그 운동 안에서도 같은 동작의 반복, 다이어트 식단 또한 반복의 연속이다. 반복되지 않는 것은 없다. 반복을 그만두는 순간 성공은 눈앞에서 멀어진다.

매일같이 통화를 하는 친구가 있다. 친구와 통화를 할 때마다 "오케이, 오케이."를 습관적으로 반복했다. 오케이는 무엇이든 유쾌하고 홀가분하게 받아들임을 느끼게 해 주어 내가 곧잘 쓰는 표현이다. 왜 자꾸 "오케이."만 말 하냐며 지겹다던 친구가 몇 달이 지나자 자신도 모르게 오케이를 외치며 즐거워하게 되었다. 반복의 효과는 이토록 놀랍다. 연예인들의 유행어 또한 이처럼 반복으로 만들어진다 해도 과언이 아니다.

특정 분야에서 전문가가 되고 싶다면 반복은 가장 기본적으로 해야 하는 일이 될 것이다. 똑같은 일을 수백 번, 수천 번 반복할 수 있어야 비로소 그 일에 전문가가 될 수 있다. 하나의 분야에서 전문가, 즉 최고가 된다는 것은 그렇게 헤아릴 수 없는 반복을 했다는 의미다.

TV를 보다가 문득 그런 생각이 들었다. 최근 컴백을 한 아이돌 가수가 어떤 예능 프로그램에 나와 자신의 신곡을 불렀는데 다음 날 그 가수가 같은 노래를 부르는 또 다른 TV 프로그램을 보게 되었다. 그렇게 그 가수는 한동안 TV며 행사며 연신 같은 노래를 불렀다. 신곡 준비를 하며 이미 수천, 수만 번 연습을 했을 텐데 얼마나 더 반복할까.

무엇이든 최소 1만 시간을 투자하면 원하는 것을 이루어 낼 수 있다는 '1만 시간의 법칙' 또한 결국 반복의 중요성을 뜻한다. 성공한 사람 중 반복 훈련을 하지 않은 사람은 없을 것이다. 올림픽 금메달리스트, 세계적인 피아니스트, 성공한 기업가, 유명 연예인, 심지어는 다이어트에 성공한 사람까지. 모두 지겨워 죽을 것 같은 훈련을 반복하면서 이루어 냈을 것이다.

인디언 속담에 이런 말이 있다.
"당신이 생각한 말을 1만 번 이상 반복하면 당신은 그런 사람이 된다."
이것이 바로 반복의 힘이다.

우리는 언제나 모든 일을 쉽고 빠르게 일확천금과 같은 요행을 바란다. 그러나 성공적인 결과를 만들어 내고 그 결과로 무언가 성취하고자 한다면 반복의 지겨움을 견뎌 내야만 한다. "피할 수 없으면 즐겨라."라는 말도 있지 않은가.

반복이 일상이 되고 그 일상이 익숙해질 때쯤 비로소 성공은 바로 눈앞에 있을 것이다.

침묵

"침묵은 금이다."

많이 들어 본 말이지 않은가? 침묵은 금과 같이 귀한 것이고 때로는 말보다 가치가 있다는 의미로 만들어진 격언일 것이다. 성경에도 비슷한 말이 있다. 잠언 17장 28절이다.

"미련한 자라도 잠잠하면 지혜로운 자로 여기고 그 입술을 닫으면 슬기로운 자로 여겨지느니라."

이처럼 침묵은 말보다 더 가치 있다는 것을 알 수 있다. 나는 이러한 가치를 피부로 느끼며 몸소 깨닫게 되었다. 어릴 땐 큰 덩치 때문인지 어디를 가나 구설수에 오르기 마련이었는데 그때마다 억울한 나머지 시시콜콜한 것까지 일일이 대응하기 일쑤였다. 말은 싸움으로 번지기 십상이었고 내 억울함은 돌고 돌아 편견과 선입견에 묻혀 사실이 되곤 했다. 왜 덩치에 어울리지 못하게 말이 많으냐며 이따금씩 한 소리를 듣곤 했는데 지금에 와서 생각해 보면 사실 어린 나이에 겪은 구설수와 편견으로 마음을 닫으며 저절로 입도 닫는 법을 배운 것이 아닌가

싶기도 하다.

"아니 들었으면 대답을 해야지."
"왜 대답을 안 해?"
집에 오면 늘 듣던 소리 중 하나다. 아버지에게 하는 어머니의 일상적인 말. 아버지는 대답은 잘 안 하셨다. 침묵. 그렇다고 무시하는 건 아니었다. 무언가를 하자고 하거나 제안을 했을 때 마음에 들지 않거나 다른 생각이 있으시면 입을 여신다.
동의의 침묵.
그러나 종종, 정말 듣지 못해 대답을 안 하신 경우가 있어 동의의 침묵인지 재차 확인하는 건 어머니의 몫이었다. 그런 모습을 보고 자라온 나는 가끔 '난 커서 대답 잘 해야지' 하고 귀여운 생각을 하기도 했다.

웃기게도 우리 집 반려묘인 사랑이도 처음 한동안은 말이 없었다.
"고양이가 '야옹' 할 줄 알아야지, 아무 소리도 안 내고 이게 무슨 고양이야? 야옹 해 봐, 야옹."

어머니는 고양이조차 대답이 없다며 신세를 한탄하곤 했는데 그런 모습이 웃기기도 하고 신기하기도 했다. (지금은 어머니의 부단한 노력에 사랑이와 눈이 마주칠 때마다 야옹 소리를 듣는다.)

그런데 웬걸, 몇 해 전 친구가 짜증스러운 투로 내게 윽박지르던 모습이 생생하다.

"아니 대답 좀 해! 듣긴 들었어?"

나도 모르게 친구의 말을 듣고 속으로 '괜찮네' 하고 생각했는데, 이걸 대답 대신 침묵으로 넘겨 버렸던 것이 아닌가! 사실 내심 놀라기도 했고 정말이지 피식 웃음이 새어 나올 정도로 웃기기도 했다. 동의의 침묵. 아버지를 보고 나도 모르게 배운 것이다. (사랑이도 말이 없는 주인을 보고 배운 것이 아닐까.)

그러고 보면 사실 침묵이 편하기도 했다. 일일이 대응하지 않으니 말싸움할 일도 줄어들고 말수가 적어지니 내가 무슨 생각을 하는지 모르는 상대방은 조금 더 나를 의식하고 조심스러워했다. 침묵하는 것이 버릇이 되자 생각이 깊어졌다. 바로바로 떠오르는 말을 뱉을 때보다 깊은 대화들로 이루어졌다.

침묵이 버릇이 되고 말의 위력을 깨달을 때쯤 나는 말을 더욱 아끼게 되었다. 누군가와 다투거나 오해가 생기면 나는 항상 입을 닫는다. 절대 먼저 말하지 않는다. 상대방의 말을 귀담아듣고 상황 판단을 하며 생각을 한다. 가장 현명하게 이 상황을 해결하는 것이 무엇일까.

상대의 말을 듣고 생각을 정리해 내 입에서 말이 내뱉어지기까지 불과 몇 분이 채 걸리지 않는다. 그 짧은 시간 동안 때로는 두서없이 내뱉은 말로 스스로 함정에 빠진다거나 생각보다 거친 말로 오히려 당황한 상대방이 먼저 사과하기도 하며 내가 채 대답하기 전에 상황이 해결되기도 한다.

침묵하니 구설수는 더 이상 내 이야기가 아닌 남의 이야기에 불과했다. 여전히 많은 사람들은 생각보다 말이 앞서고 딱히 할 말이 없는데도 말을 이어 나간다. 무작정 말을 내뱉고, 내뱉은 말을 주워 담는데 진땀을 뺀다. 적당히 하고 싶은 말을 삼키고 침묵해 보자. 침묵하면 더 많이 들을 수 있고 더 많이 생각할 수 있다. 상대방은 침묵한 나를 결코 가볍게 대할 수 없다.

"현명한 사람은 말할 것이 있을 때 말하고 어리석은 사람은 아무 말이나 말해야 하기 때문에 말한다."
"어리석은 자는 묻지 않은 것에 말을 한다."
플라톤이 남긴 말에 대한 명언이다.

자, 오늘부터 우리는 현명한 사람이 되어 보자.
비록 상대방이 답답해하더라도.

행복하다는 느낌

　최근에 가장 행복했던 순간이 언제였나요? 아무 생각 없이 습관처럼 엄지손가락으로 휴대폰 화면을 넘기며 시시콜콜한 영상을 보는 게 일상이 된 어느 날, 짤막한 영상에서 내게 물었다.

　최근이라… 언제였을까?

　나는 휴대폰을 내려놓고 생각에 잠겼다. 며칠 전이었나? 지난달? 봄이었나? 아니, 올해 내가 행복했던 적은 있었나? 행복? 행복하다는 게 도대체 어떤 느낌이지? 짤막한 영상에서 던진 물음에 생각은 꼬리에 꼬리를 물고 이어졌다. 생각은 마침내 내가 느꼈던 가장 최근의 행복에 도착했다.

　거실 소파에 누워 달콤한 바람을 맞는 여유로운 주말 아침, 그때가 최근 가장 행복한 순간이었다. 기분 좋은 바람이 창문을 타고 코끝을 간지럽히는, 햇살이 살짝 비치는 일요일 아침, 나는 숙면을 위해 커튼을 쳐 놓은 깜깜한 내 방보다 환한 거실 소파에 누워 보지도 않는 TV

를 켠 채 살짝 실눈을 떴다 다시 감았다. 무언지 모를 TV 예능 프로에서 깔깔대는 웃음소리가 흘러나왔다.

한 살 한 살 먹어 가며 도대체 진심을 다해 웃어 본 적이 언제인가, 지금처럼 행복했던 적은 과연 언제였던가 하는 질문을 스스로 던지면서.

거실 창밖으로 보이는 푸른 잔디밭과 녹음이 짙은 나무, 이따금씩 지저귀는 새소리와 나뭇잎이 부딪치며 내는 바람 소리. 항상 시간에 쫓기며 주변을 돌아보거나 자연을 느낄 새 없이 부지런히 움직이는 도시에서의 삶에서 산자락 전원주택을 살며 누릴 수 있는 여유로움. 행복하다.

가끔 이렇게 거실 소파에 누워 나도 모르게 스르륵 잠이 들면 우리 집 고양이도 나와 비슷한 자세로 거실에 누워 잠을 청한다. 이 또한 새로운 행복이다. 거창하지도 화려하지도 않은 일상에서 느끼는 작은 행복 말이다.

생각해 보면 어릴 땐 좋아하는 만화 영화를 보기 위해 비디오 가게에서 보고 싶은 비디오를 찾는 일, 양쪽으로 부모님 손을 잡고 콩콩 뛰며 걷기, 크리스마스이브에 교회에서 친구들과 밤새 수다를 떨며 성탄절 행사를 준비하던 일, 내가 느꼈던 행복은 전부 일상에서 오는 소소한, 별것 아닌 일들이었다. 별것 아닌 일, 작은 행복, 내가 느낀 순간들이 보잘 것 없는 것들이라 표현하지만 사실 결국 그것이 전부였고 가장 중요한 시간들이었는데 말이다.

최근에 가까운 지인의 권유로 와인을 배우기 시작했다. 잔을 잡는 법, 와인의 향을 맡고 맛을 느끼는 법, 그리고 그 와인에 어울리는 음식을 곁들이는 것까지. 솔직히 말해 지금껏 술은 취하려고 마시는 거라 생각했고 취하는 것은 잠시나마 행복함을 느끼기 위해서였다. 와인은 취할 때까지 마시는 술이 아니었고 맛과 분위기를 느끼는 술이라 조금의 거부감이 든 건 사실이다. 하지만 행복함을 찾을 수 있다면 기꺼이 배우겠노라 생각하고 와인 잔을 잡았다. 와인이 만들어지기까지의 역사, 와인이 들려주는 이야기, 그리고 맛. 몰랐던 것을 알게 되는 재미는 있었지만 여전히 행복하다는 느낌은 없던 찰나, 와인 바에서 흘러나오는 재즈에 무언가 모를 전율이 느껴졌다. 그 순간 엔도르핀이 마구 솟구치며 모처럼 느꼈던 거실 소파에서의 행복이 코끝을 간지럽히는 듯했다. 와인에서 행복을 찾으려 했는데 와인을 마시며 듣는 재즈에서 행복을 만나다니. 와인 마시길 잘했다. 별것 아닌 일이었는데 또 작은 행복을 만나 버렸다.

최근에 가장 행복했던 순간이 언제였나요?

단순한 질문에 복잡하게 생각할 필요도 거창한 답을 구할 이유도 없었다. 거실 소파에 누워 여유로움을 느끼는 상쾌한 주말 아침, 와인을 마시며 들리는 설레는 재즈.
행복은 이거면 충분하다.

거실 소파에 누워 바라본 모습
사랑이도 나와 같은 자세로 낮잠을 자고 있다.

Refresh

"피고를 징역 1년 6월에 처한다."

판사의 선고와 동시에 갓 스무 살이 넘은 듯한 여자가 법원 경위의 안내에 따라 재판장 오른쪽 문을 열고 들어갔다. 법정구속이었다. 어떤 대비나 준비 없이 선고를 받아 울음이 터지기 직전의 얼굴로 방청석을 한번 훑고 사라졌다. 무엇 때문에 그녀는 어린 나이에 실형을 선고받을 만한 죄를 저질렀을까.

나는 저 나이 때 무슨 생각으로 어떤 시간을 보냈었을까. 방청석에서 깊은 생각에 잠겼다. 마치 공장에서 물건 찍어 내듯이 다음 피고인이 법정에 섰다.

영화나 드라마에서 보는 것처럼 변호사나 검사가 재판장 한가운데 서서 판사와 방청석을 번갈아 보며 "존경하는 재판장님." 하는 장면 따위는 찾아볼 수 없었다. 검사와 변호사 모두 자리에 앉아 준비해 온 서면을 타성에 젖은 목소리로 읽기 바빴다. 그들은 피고인 눈 한 번 마주치지 않고 무관심한 듯 준비한 글을 읽어 내려갔고 마이크가 있었지만 그들의 기어들어 가는 목소리를 충분히 듣기엔 부족했다. 이미 정해진 결과를 판사는 무심하게 읊었다. 다음, 그 다음 피고인들이 법정에 섰고 놀랍게도 꽤 많은 이들이 법정에서 구속되어 들어왔던 곳이 아닌 다른 곳으로 끌려갔다.

쳇바퀴 굴러가듯 매일같이 반복되는 따분한 일상에 나는 이따금씩 시간을 내 사무실에서 불과 10분도 채 떨어지지 않은 법원에 재판 방청[13]을 하러 간다. 인간에게 가장 중요한 자유. 그 자유를 박탈당하는 순간을 보고 있자면 지금 내가 누리는 따분한 일상이 감사하게 느껴지고 각양각색의 사연과 그들의 삶을 엿보며 스스로를 채찍질하게 된다.

다소 특이하지만 스스로 나태해지거나 게을러질 무렵이면 '리프레시(Refresh)'하는 방법 중 하나다.

며칠 전에는 오랜만에 지인을 만나러 서울에 방문했다. 지인들을 만나 색다른 곳을 가 보는 것에 재미를 느껴 1년에 두어 번은 꼭 서울에 가곤 한다.

서울에 사는 지인 중 한 명은 기술을 개발하고 특허를 내는 것이 취

---

13   일정한 경우를 제외하고 우리나라는 재판의 공정성 확보를 위해 재판의 심리, 판결을 공개한다. 따라서 사건과 관련이 없는 일반인도 재판을 방청할 수 있다.

미인 듯 아이디어가 샘솟는 친구인데, 오전 5시쯤이면 일어나 해외, 국내 할 것 없이 모든 뉴스를 섭렵하며 하루를 시작한다. 물론 내가 사는 대구나 다른 도시에도 바쁘게 열심히 사는 사람들이 많겠지만 특히나 서울은 부지런한 것이 일상인 내 지인처럼 바쁜 사람들이 비교적 더 많아 보인다. 해외여행을 가거나 부산이나 다른 지역에 방문했을 때 느끼는 기분과는 사뭇 다른 감정이다. 각 지역마다 풍기는 분위기와 정서가 조금씩 다른데 서울은 유독 내게 부지런하고 성실한 이미지가 강하다.

  대구에서 나는 항상 9시 출근 시간에 맞춰 사무실로 향하는데 항상 그 시간대에만 차가 꽉 막힌다. 흔히 말하는 러시아워(Rush-hour)다. 그런데 서울은 그보다 훨씬 이른 시간대부터 붐비기 시작한다.

  동이 틀 무렵부터 조깅하는 사람, 한 손에는 태블릿 PC와 다른 한손에는 빵 한 조각을 들고 주위를 둘러볼 생각조차 하지 않은 채 바삐 움직이는 사람, 도로나 횡단보도, 지하철 어디든 바쁘게 움직이는 사람들뿐이다. 바쁜 하루 끝에 해가 지면 너나 할 것 없이 다양한 개성의 사람들이 쏟아져 나와 거리를 가득 메운다. 다양한 직업과 개성의 사람들. 그런 사람들이 모인 서울. 내가 느끼는 서울은 항상 내 삶의 자극제가 된다.

  매일같이 타지를 여행하거나 탐험하는 것을 직업으로 삼는 여행가들이 아닌 이상 같은 도시, 같은 집, 같은 직장에서 매일을 보낸다면 결국 나태해지고 게을러지기 십상이다. 그럴 때 필요한 것이 스스로 리프레시(Refresh)할 수 있는 자극제다. 책을 읽거나 좋아하는 가수의 콘서트를 간다든가, 이런 취미 생활을 찾는 것이 대부분 사람들이 하는 리프레시(Refesh) 방법일 것이다.

내가 가진 삶의 자극제는 이처럼 조금은 특이하다. 게을러지거나 나태해질 즈음 법정에서 사람이 자유를 박탈당하는 순간을 보는 것. 늦잠 자는 것이 버릇이 될 때쯤 서울에서의 부지런하고 바쁜 일상을 만끽하는 것. 이렇게 스스로 리프레시(Refresh)하고 나면 저절로 동기부여가 되고 자연스럽게 나 자신을 채찍질하며 나태함에서 벗어나 감사함을 느끼게 된다.

이 글을 읽는 모두에게 한 번쯤 권하고 싶다. 나만의 리프레시(Refresh) 방법을.

시간이 없어서

"맛집 찾았는데 한번 가 보자!"
"거기 멀잖아."
"주차 공간이 부족할 것 같아."
"웨이팅 있을 것 같은데."
"그럼 근처 식당 갈래?"
"거기 맛없어."
"지겨운데."

　우리 주변에는 가만히 살펴보면 이런 부류의 사람들이 꼭 하나씩 있기 마련이다. 무언가를 하는데 있어서 해야 할 이유보다 하지 말아야 할 이유가 더 많은 사람들 말이다. '돈이 없어서', '힘들어서', '귀찮아서', '시간이 없어서' 이런 부류의 사람들은 어떤 것도 즐겁게 할 수가 없다. 그러니 성취감도 없을 것이다. 어떠한 일을 하게 된다면 그것은 오로지 '낭비'일 뿐이고 손해를 보는 '소비'일 뿐이니까. 없는 돈을 쓰는 일이고 귀찮고 힘든 일을 스스로 손해를 본다고 생각하며 억지로 하는 것일 뿐일 테니까.

이런 생각을 가지고 사는 사람들은 얻는 것이 없다. 가령 책을 읽는 것은 집중력의 낭비이고 시력을 저해시키는 행위인 단순히 귀찮고 내키지 않은 일일 것이다. 책을 살 돈이 없거나 책을 붙잡고 있을 시간이 없다는 핑계를 대면서 말이다. 책으로부터 얻을 수 있는 지식이나 감정, 작가의 경험을 간접적으로 체험해 볼 수 있는 값진 시간은 안중에도 없다. 아무 생각 없이 몇 초 정도의 짧은 영상만을 의미 없이 엄지손가락으로 내릴 뿐이다.

주위를 한번 둘러보자. 내 주변에 이런 부류의 사람들이 있을까? 최소한 한 명은 있을 것이다. 항상 핑계를 대며 부정적으로 사는 사람. 곰곰이 생각해 보면 '참 불행하게도 산다' 싶지만 아이러니하게도 그 사람들은 꼭 불행하다고 생각하지는 않는다. 단지 행복하지 않을 뿐이다. 그리고 행복을 더 이상 찾지도 않는다. 행복을 찾지 않게 되면 사람은 불평과 불만, 핑계로 얼룩져 버린다. 삶에 대한 가치와 의미를 잃어버리는 것이다.

꽤 가까이 지냈던 지인이 그랬다. 가까운 동네 공원에 산책을 나가자고 할 때면 "걷는 거 싫어하는데.", "힘들어." 하고 하지 말아야 할 이유를 먼저 댔다. "치킨 시켜 먹을까?" 하고 내가 물어보면 그는 항상 "치킨 지겨운데, 뭐 신박한 메뉴 없을까?" 하고 대답한다.
"먹고 싶은 게 뭔데?"
"먹고 싶은 건 딱히 없는데….."

나의 제안에는 항상 부정적인 답변만 돌아왔다. 일부러 그런 것은 결코 아니었다. 습관처럼 내뱉는 말들이었고 모든 일에 항상 그랬다. 하지만 어느 순간 나는 그에게 무언가 같이 하자고 제안할 엄두조차 나지 않게 됐다. 어차피 부정적일 텐데 뭐. 당연하게도 그는 무엇이든 먼저 나서서 하는 일은 쉽게 볼 수 없었고 흔히 말하는 데드라인에 임박해서야 일을 겨우 끝마치곤 했다. 그러니 성취감은 느껴 볼 수도 없었고 행복하지 않으니 하고 싶은 일은 점점 사라져 갔다. 때로는 약속된 일을 단지 귀찮음과 핑계로 일관하다가 까먹고 놓쳐 버리는 경우도 종종 일어났다. 시간이 없어서. 그가 항상 앵무새처럼 내뱉는 말이었다.

"그렇게 살면 불행하지 않아?"

"내가? 왜? 그렇게 보여?"

곁에 있는 사람이 대신 불행해져 가는 기분이었다. 그의 주변에 남아 있는 거의 마지막 지인이었던 나조차 결국 그를 떠나게 되었으니 말이다.

시간이 없어서. 시간은 누구에게나 공평하다. 즉 누구에게나 있다는 뜻이다. 시간이 없다는 핑계를 대기 시작하면 아무것도 할 수가 없다. 같은 시간을 쓰면서 아무것도 얻을 수 없게 된다는 말이다.

조금 더 행복한 삶을 살아가기 위해 우리는 하지 말아야 할 이유를 먼저 찾기보다 해야 할 이유를 찾고 핑계 대신 앞으로 느낄 성취감과 그 경험으로부터 얻을 배움을 먼저 생각하는 사람이 되었으면 싶다. 항상.

8월, 그 어디쯤

소나기 한줄기 흠뻑 쏟더니
새파란 물감도 하늘에 쏟았나

듬성듬성 흩뿌린 흰색 붓질에
어느새 완성된 여름

파란 바람 나부끼는 8월 그 어디쯤
그렇게 여름이란 그림이 그려졌다

Chapter 6
다시 여름

불문율

　수년 전 정치권에서 잔뼈가 굵은 유명한 정치인 어르신과 한동안 자리를 자주 가졌다.

　항상 술자리로 만남을 이어 갔는데 그분의 지위와 나이에도 불구하고 전혀 권위적이지 않고 외려 소탈한 모습에 나는 속으로 놀라면서 동시에 그분께 매료되어 버렸다. 당시 별 볼 일 없던 나와도 대화 코드가 척척 맞을 정도로 그분과의 술자리는 늘 즐거운 시간이었다. 술을 마실 때면 항상 들려주시던 사람 사는 이야기, 유명한 일화의 뒷이야기 같은 이야기는 마치 어린아이에게 부모가 들려주던 이솝 우화같이 꽤 흥미로운 안줏거리였다.

　만남의 횟수가 거듭되며 그분의 인생철학도 들을 수 있었다. 꽤 오랜 시간이 흐른 터라 완벽하게 기억은 할 수 없지만, 수년이 지나도 아직 내게 강한 인상으로 남아 있다. 약간은 농담 같으면서도 사뭇 진지하게 본인의 철학을 말씀해 주셨는데 그것은 바로 본인만의 '불문율'[14]이

14　사전에서의 정의는 '사람들 사이에서 암묵적으로 지켜지고 있는 규칙'이나 여기서 불문율은 不問, 즉 묻지 않는다는 의미로 가리지 않는다는 뜻이다.

었다. 여러 가지의 불문율이 있었는데 기억나는 것 중 몇 개만 말해 보자면 '남녀불문', '과거불문', '노소불문', '주야불문', '청탁불문' 등과 같은 것들이었다. 사뭇 진지하게 여러 가지 불문율을 스스로 정해 지키고 계신다는 그분의 말씀에 정치인으로서 무언가 뜻깊은 철학이라고 짐짓 상상했다. 하지만 익살스럽게도 내가 상상했던 무겁고 진지한 철학이 아닌 '술'에 관한 그분의 인생철학이었다.

'남녀불문'은 성별을 가리지 않고 술을 마신다는 뜻이었고, '과거불문'은 함께 술을 마시는 사람의 과거나 직업의 귀천을 가리지 않는다는 것, '노소불문'은 노인이든 청년이든 나이를 가리지 않고 술을 마실 수 있으며, '주야불문'은 낮과 밤을 가리지 않고 술을 마시고, '청탁불문'은 청주나 탁주, 즉 술의 종류를 가리지 않고 마신다는 뜻이었다. 특히 정치인이신 그분의 입에서 '청탁불문'이라는 말이 나옴과 동시에 으레 무언가 부정청탁이나 뇌물과 같은 것들이 떠올랐는데 술의 청탁이라니! 그분의 유머러스함과 뒤에 숨겨진 깊은 뜻을 알게 되자 순간 닭살이 돋을 정도로 당시 내게 꽤나 신선한 충격으로 다가왔다. 술 앞에서는 누구나 평등하고 술자리에서만큼은 지위고하를 막론하고 허심탄회하게 소통하고자 하는 그분의 깊은 뜻이었다.

술이라는 것에 모두 빗대어 말했지만 평상시 생각이 거리낌 없이 그분의 인생철학으로 나타나는 듯했다. 겉으로는 쿨 한 척, 격의 없이 소통하는 신세대인 척하는 것이 보통이지만 그분은 정말 달랐다. 그러니 별 볼 일 없던 나와도 즐겁게 술자리를 이어 갈 수 있었던 것이 아닐까.

정작 나조차도 후배들과 술자리를 할 때면 평소 따지지 않던 예의나 흔히들 소주잔에 밑잔을 깐다는 말로 술을 남기지 않고 한 번에 털어 넣어야 한다든가 하는 쓸데없는 주도(酒道)를 따지기 마련이었는데 말이다. 그분의 인생철학을 배운 날부터 후배나 나보다 나이가 어린 사람들에게 대접을 바라거나 무언가 예의를 다그치며 권위나 서열을 앞세우지 않고 있는 그대로 인정하고 그들을 존중하는 법을 터득했다.

술은 누군가 따라 주는 것보다 스스로 따라 마시는 것이 더 편해졌고 나이 어린 후배와 친구처럼 소통하는 재미를 느꼈다. 예의와 권위를 앞세웠다면 알 수 없었을 그들의 고충과 속마음을 알 수 있었고 편한 사이로 지낸 덕분에 세대를 아우르는 여러 나이대의 친구를 사귈 수 있게 되었다.

새로 알게 된 사람과 술자리를 갖게 될 때나 여러 지인들과 술을 마실 때면 이따금씩 그분의 철학이 생각난다. 그리고 다시 한번 '불문율'을 떠올리며 사람을 대하려 노력한다. 조건과 기준을 가리지 않고 누구나 동등하게 주변 사람들을 대하는 관계의 노하우.

그것이 바로 내가 배운 '불문율'이다.

멀티플레이어

21세기, 즉 2000년대에 접어들면서 하나의 분야에서 전문가가 아닌 모든 분야를 두루 아우르는 '멀티플레이어'가 대세가 되었다.

취업난과 경제 침체로 '성공'을 하기 위한 다양한 방법과 명언 그리고 조언들이 난무했다. 그중 단연 첫 번째 키워드는 "멀티플레이어가 되어라."였다. UN 사무총장을 지낸 반기문 총장의 유명한 명언 중 하나도 "세계는 멀티플레이어를 원한다."였으니 말이다.

맞는 말이다.
이제는 더 이상 영어만 잘해서 성공할 수도 없고 영어는 기본으로 제 2, 제3외국어를 유창하게 할 수 있어야 국제 무대에서 평가받을 수 있다. 비단 언어뿐만 아니라 다양한 분야에서 넓은 지식을 가지고 있어야 능력을 인정받고 말 그대로 '성공'을 이룰 수 있는 시대가 되었다고 해도 과언이 아니다.

하지만 멀티플레이어를 원하는 새천년에 접어든 지 어언 20여 년이 흐른 지금, 우리는 무의식중에서도 스스로 잘못된 멀티플레이를 하는 것이 버릇이 되었다. 반기문 전 총장이 말한 세계가 원하는 '멀티플레이어'가 아닌 일상생활에서 하나에 집중하지 못하는 '멀티태스킹'을 하고 있는 것이다. 밥을 먹을 때면 꼭 TV나 휴대폰을 함께 해야 한다든가, 잠을 자면서도 음악을 듣는다든가, 전화 통화를 하면서 글을 읽는다든가 하는 것들처럼 말이다. '잘못된 멀티플레이어', 즉 멀티태스킹을 지향하면서 우리는 하나에 집중하지 못하는 사람이 되었다. 회사에서 일을 할 때 전화를 받으면서 상사의 업무 지시를 메모하고 거래처에 이메일을 동시에 보내야 하는 멀티태스킹은 실수를 연발시키며 오히려 집중력을 깨뜨린다. 일은 분명 정신없이 처리하고 해결했는데 이룬 것은 없는 셈인 것이다. 하물며 멀티태스킹에 특화된 컴퓨터 또한 너무 많은 프로그램을 동시에 실행시키면 일시적으로 기능이 멈추거나 오류가 일어나곤 한다.

덕분에 '성공'을 위해 멀티플레이어가 되는 것이 당연한 시대의 요구에 역설적이게도 '한 우물'만 판 사람이 더 쉽게 성공한다는 사실을 우리 모두가 망각하게 됐다.
아니, 착각하고 있다는 말이 옳은 말일 것이다.
'하나만' 해서 먹고 살 수 없는 시대가 되었다고는 하지만 여전히 자신의 전문 분야 '하나만' 개척해도 충분히 성공할 수 있는 환경이란 것을 외면한 채 잘못된 멀티플레이인 멀티태스킹을 지향하고 있는 것이 현실이다.

성공하기 위해 전문가가 되려면 그것을 성취하는 동안에는 그것에만 집중을 해야 한다. "돋보기로 불꽃을 피우려면 햇빛을 하나의 초점에 오랫동안 집중시켜야 불꽃을 내는 법이다."라는 유명한 명언처럼 지금 하고자 하는 일에 모든 정신을 집중해서 노력해야만 원하는 것을 이루어 낼 수 있다. 어떤 분야에서든 그 분야의 전문가라고 불리는 사람들은 누구나 무언가에 집중하는 노력을 경험했을 것이다. 그렇지 않고서는 결코 성공을 이뤄 낼 수 없으니 말이다.

세계가 원하는 멀티플레이어는 하나에 집중하지 못하고 여러 일을 동시에 처리하는 것이 아닌 다양한 분야에서 진정한 전문가가 되는 아주 어려운 요구다. 하나에 집중하는 능력을 먼저 길러야 '진짜 멀티플레이어'로 거듭날 수 있을 것이다.

내 직업인 행정사도 마찬가지다. 행정사로서 하나의 전문 분야를 만들어 내지 못해 법무사, 공인중개사, 가맹거래사와 같은 행정사와 함께하는, 좋게 말해 시너지 효과를 볼 수 있는 자격증 삼매경에 중독된 사람들이 꽤나 있다. 스스로 멀티플레이어라고 지칭하며 명함에 줄줄이 자신이 취득한 자격을 나열해 놓은 것을 보면 그 어려운 시험들을 합격한 것은 내심 대단하면서도 한편으로는 전문성은 없어 보이는 것이 사실이다.

욕심을 버리고 하나에 집중하기란 좀처럼 쉬운 일은 아니다. '멀티플레이'와 '멀티태스킹'을 혼동하는 우리는 진정으로 이루고자 하는 목표를 세우고 나머지는 버리는 연습을 먼저 해야 한다. 일상생활에서도 음악은 꺼 둔 채 오롯이 책 읽기에만 몰두하고 TV를 끄고 휴대폰은 내려놓은 채 밥 먹는 데만 집중해 보는 연습부터 말이다.

집중과 단순함을 반복해서 주문처럼 외운 스티브 잡스처럼 멀티태스킹을 버리고 진짜 멀티플레이어가 되기 위해 우선 작은 것 하나부터 오롯이 집중하는 훈련이 꼭 필요하다.

치열하게 하루하루를 살아가는 대부분의 직장인들은 하나부터 열까지 모든 것을 다 해낼 수 있는 '멀티태스커'를 꿈꾼다. 그러나 《원씽(The One Thing)》이라는 책을 보면 작가는 멀티태스킹이 얼마나 허황된 것인지 말해 주고 있다. "멀티태스킹은 존재하지 않는다. 혹시 존재하더라도 그것이 제대로 작동할 리가 없다."라는 것이 작가의 뜻이다.

여러 가지 일을 한꺼번에 그리고 동시에 처리하는 허황된 꿈을 꾸지 않고 집중과 단순함으로 하나에 몰두하고 집중할 수 있는 힘이 생기는 그때, 멀티플레이어를 향해 진정한 첫걸음을 떼는 것이 아닐까 생각한다.

여름밤의 기억

비가 세차게 내리던 어느 여름밤이었다. 대략 70년대쯤에 지어진 골목길 안 구옥 마루에 누워 빗소리를 들으며 선풍기 회전이 얼른 돌아오기만을 기다리던 어린아이가 있었다. 꽤나 늦은 밤이었는데도 할머니가 잘라다 준 수박 한쪽을 먹고 다시 누워 배를 두드리는 것이 마냥 행복해 보였다. 세상 부러울 것 없이 잠이 든 아이에게 갑자기 다리에 쥐가 나기 시작했다. 끙끙대며 울어 대자 할머니는 아이를 품에 꼭 안고 다리를 주물러 주며 고양이를 부르면 쥐가 달아난다든가, 키 크려고 하는 모양이다 하며 아이를 달랬다. 아이는 언제 울었냐는 듯 그렇게 할머니 품에서 다시 잠이 들었다.

기억을 더듬어 보면 내게 어린 시절은 할머니가 전부나 다름없었다.

놀이터에서 친구들과 술래잡기를 하다 저녁밥 먹으러 오라는 할머니의 소리에 집으로 곧장 달려가거나 할머니 등에 업혀 시장에 장을 보러 다니곤 했으니 말이다.

갓 초등학교에 입학한 나는 고막을 뚫고 튜브를 삽입하는 수술을 고려할 정도로 중이염을 심하게 앓았었는데 하루가 멀다 하고 먹먹한 귀에 찢어질 것 같은 통증으로 울며불며 동네 이비인후과를 제집 드나들듯했다. 긴 철사로 된 면봉 같은 것에 빨간약을 발라 귓구멍에 쑤셔 바르는 것이 얼마나 괴로운 일이었는지 지금도 생각하면 눈살이 저절로 찌푸려진다. 혹시나 귀머거리가 되진 않을까 어린 마음에 전전긍긍하며 울면서 밤을 지새운 적도 많았다.

그때마다 항상 할머니 손을 잡고 있었다. 당장이라도 기절할 것같이 온몸을 배배 꼬며 아프다고 비명을 지르던 아이가 할머니는 얼마나 안타까웠을까. 돌이켜 보면 어린 나는 매 순간 할머니의 손을 잡고 있었다.

할머니가 이따금씩 들려주던 일제 강점기 이야기나 성경 구절에 대한 이야기는 무슨 뜻인지도 잘 모르던 어린 나에게 꽤나 흥미롭게 다가왔다. 가끔 경상도 사투리인지 일본어인지 모를 단어와 할머니 특유의 말투를 따라 하곤 했는데 학교에서 나도 모르게 습관처럼 뱉은 할머니의 말투에 친구들이 깔깔대며 놀리던 기억이 선명하다.

나이가 들면서 훌쩍 커 버린 나는 어느덧 아흔이 넘어 치매 증상을 보이는 할머니를 보며 글자 포인트가 크게 나온 성경책이나 자유롭게 헤엄치는 열대어 수십 마리가 든 어항을 들고 선물이라며 이따금씩 할머니를 보러 간다.

여전히 "지환이가?" 하며 반갑게 두 손을 잡고 어린 시절의 아이처럼 대해 주시지만 그럴 때면 항상 속마음과는 다르게 괜히 퉁명스럽게 "어어."라며 대수롭지 않은 척 대답하곤 한다. 부쩍 굽은 허리에 검은 머리카락은 찾아볼 수 없을 정도로 백발이 된 할머니를 보며 나는 수십 년 전 여름밤에 어린 아이의 다리를 주물러 주던 할머니의 사랑을 떠올린다.

어쩌면 할머니는 내게 당연하다고 생각될 만큼 항상 곁에 있을 것이라 막연히 생각하고 있는 것이 아닐까.

비 오는 그때의 여름밤을 이제는 내가 선물해 주고 싶다.

제일
맵게 해 주세요

나는 어릴 때부터 매운 음식 마니아였다. 매운 것이 아니면 먹어도 제대로 먹은 느낌이 들지 않았고 한 끼를 먹어도 조금이라도 더 맵고 자극적인 음식을 찾았다. 어릴 때 할머니가 잘못 요리한 떡볶이가 정말 먹지 못할 정도로 매웠는데 맵다고 안 먹으면 속상하실까 싶어 억지로 한 입 두 입 고통스러움을 견디며 먹은 것이 그 시작이었다. 초등학생도 안 된 어린아이가 매운 음식을 곧잘 먹는 것을 보고 대단하다며 치켜세우는 어른들의 칭찬 또한 결국 이런 내 입맛을 만든 이유 중 하나이기도 하다.

내 매운맛 마니아 기질은 모든 음식에서 나타났다. 짜장면에도 땡초를 넣어 먹고 치킨 또한 핫 양념치킨만 먹었다. 냉면이나 돈가스, 찜닭 같은 음식을 먹을 때도 매운 맛 버전을 찾았다. 심지어는 불찜닭이라고 하는 특히 더 매운 양념이 추가된 찜닭을 항상 주문했다. 닭발 같은 야식에는 당연히 캡사이신으로 잔뜩 버무려진 소스를 좋아했다. 돈가스나 짬뽕 같은 경우엔 전국에서 가장 맵다고 소문난 식당을 찾아다니기도 할 정도였으니 말이다.

혀끝에서 전해져 오는 알싸함과 견딜 수 없는 통증 그리고 흘러내리는 땀을 닦으며 퉁퉁 부어오른 입술로 습습거리며 가쁜 숨을 쉬어 대면서도 멈출 수 없는 중독적인 맛. 내 평생을 매운 맛으로 채웠다 해도 과언이 아닐 정도로 매 끼니를 할 수 있는 최대한 맵게 해결했다.

　만약 매운 음식을 먹는데 나보다 잘 먹는 사람이 있다거나 식당에서 내어 온 매운 음식을 내가 손쉽게 해치우지 못하면 무언가 자존심이 상하는 느낌이 들어 일부러 더 잘 먹는 척, 아무렇지 않은 척하며 스스로 매운 음식 마니아를 자처했다. 먹는 것에서 보이는 내 고집과 성격이었다. 어쩌면 미련하리만큼 매운맛을 고집한 나는 당장의 만족감을 위해서 그리고 '매운맛을 잘 먹어야 남자답다'는 편견처럼 남들의 기대에 부응하기 위해 아집을 부린 것일지도 모른다.

　자극적인 것을 줄곧 좋아하던 어린 시절부터 이어져 온 내 고집은 서른 무렵부터 자연스럽게 점차 바뀌기 시작했다. 여전히 매운맛을 종종 찾기도 하지만 시간이 지나며 내 입맛에도 작은 변화가 찾아왔다. 치킨을 먹을 때 프라이드치킨은 쳐다보지도 않던 내가 이제는 양념치킨보다 먼저 손이 가고 자극적인 맛보다 고소함의 편안한 맛을 더 찾기 시작했다. 매운 음식을 먹고 난 뒤의 불편한 속을 달래는 시간보다 먹을 땐 심심하지만 간이 적당한 음식을 먹고 속이 편안한 것이 더 좋다는 생각이 들었다. 어릴 땐 고소하고 속 편한, 말하자면 건강한 음식이 더 맛있고 좋다는 어른들을 도무지 이해할 수 없었다. 하지만 서른 무렵의 나는 삼삼하고 담백한 맛으로부터 느낄 수 있는 깊은 맛과 재료 본연의 맛들을 이해하기 시작했다.

이것이 바로 나이가 들어 가는 것일까. 입맛이 변하면서 무언가 어른이 되어 간다는 느낌을 받았다.

매운맛을 고집해 얻는 당장의 만족감이나 남들의 얄팍한 기대에 부응하겠다는 미련한 생각은 언제부턴가 신경조차 쓰이지 않았다. 항상 맵고 짠 자극적인 맛에 길들여져 가려져 있던 재료 본연의 여러 가지 맛을 다양하게 느낄 줄 알게 되면서 이전엔 미처 알지 못했던 맛을 '왜 이제야 알게 되었을까' 하며 갇혀 있던 사고가 트이는 듯했다.

당장의 눈앞에 자극적인 재미를 찾기보다 내일을 생각하는 나이. 매운 음식을 찾는 입맛이 점차 변해 가는 과정 속에서 어른이 되어 가는 모습이 보인다면 너무 과장된 걸까. 인간에게 기본적으로 중요한 세 가지. 의식주 중에서 가장 중요하다고 하는 먹을거리에 대한 닫힌 시야가 떠지면서 그동안 몰랐던 맛의 재미를 알아 가며 내 아집으로 미처 알지 못한 또 다른 무언가가 어떤 것이 있을까 하고 폭 넓게 모든 것을 바라보는 시각을 가지게 된 것만 같았다.

술 마신 다음 날은 여전히 "제일 맵게 해 주세요!"라며 매운 음식을 찾지만 가능하면 덜 자극적이고 건강한 음식을 찾으며 여전히 나는 어른이 되어 가려고 노력 중이다.

복수

"누군가 너에게 해악을 끼치거든 앙갚음하려 들지 말고 강가에 고요히 앉아 강물을 바라보아라. 그럼 머지않아 그의 시체가 떠내려올 것이다."

복수 따위를 하지 않아도 해악을 끼친 자는 결국 스스로 자멸한다는 말이다. 노자의 가르침으로 흔히 알려진 이 말은 사실 노자의 《도덕경》이나 공자의 《논어》에서 나온 말은 아니다. 세월이 흐르며 오역되거나 와전되어 알려진 것이라고 한다. 그럼에도 이 명언은 내게 큰 깨달음을 준 말임에는 틀림없다.

살면서 누구나 크고 작은 싸움에 휘말리기 마련이다. 때로는 누군가에게 상처를 줄 때도 있지만 시간이 지나 결국 되돌아보면 내가 상처받은 일이 먼저 떠오른다. 나 또한 마찬가지다. 내게 크고 작은 해악을 끼쳤던 이들이 웃으며 잘 지내고 있는 모습을 보고 있자면 분이 풀리지 않아 하루 종일 얽매여 복수할 방법을 찾곤 했다. 끝끝내 복수는 상상에서 그쳤지만 한동안 그들에 대한 생각을 멈출 수 없었다. 복수에 얽매인 그 시간 동안 내 하루는 좀먹는 것 같았고 오히려 점점 더 불행해지는 기분에 복수를 역으로 당하는 것만 같았다.

신기하게도 그때, 노자의 가르침으로 알려진 이 구절을 만나게 됐다.

무언가 마음에 위안이 되면서도 풀리지 않던 분이 눈 녹듯 사라지며 복수를 하려 버린 지난 내 시간들이 스쳐 지나갔다. 그렇다. 굳이 내 스스로를 좀먹으면서까지 되갚아 줄 필요가 있을까. 남들에게 해악을 끼치며 사는 이들은 언젠가 벌을 받겠지. 한결 마음이 편해졌다.

유명한 할리우드 영화감독인 스티븐 스필버그는 하버드 대학교 졸업 연설에서 이런 명언을 남겼다.
"영화에서는 늘 악당이 나타나는데 영웅이 되려면 무찌를 악당이 필요하다. 여러분의 삶에도 항상 악당이 존재할 것이다. 여러분에게 진정한 할리우드식 해피 엔딩이 있길 바란다."
유대인이라는 이유로 어렸을 때부터 괴롭힘과 조롱, 차별을 겪으며 살아온 스필버그 감독은 영화를 빗대어 복수에 대한 자신의 생각을 간접적으로 내비쳤다. 영화에서 주인공이 악당을 무찌르고 결국 '해피 엔딩'을 맞이하는 것처럼 나 또한 이들을 물리치고 행복해지고 싶다는 생각이 들었다. 악당을 무찌른다는 것이 복수로 이를 되갚는 것이 아니라 선으로 악을 이기는 현명함이란 것이 할리우드식 해피 엔딩이다.

흔히들 복수를 말하면 '용서'하는 것이 바람직하다고 입을 모은다.

종종 뉴스를 보면 결코 용서하지 못할 일을 당한 피해자가 결국 이를 용서했다는 '훈훈한' 일화가 소개된다. 나는 용서가 참으로 대단한 일이라고 생각이 들었다. 그들이라고 왜 복수를 생각하지 않았겠는가. 결국 불행에서 벗어나고자 어쩔 수 없이 선택한 것이 아닐까 하고 조심스레 추측해 볼 뿐이다. 복수 대신 선택한 용서에서 그들은 결국 진정한 해피 엔딩을 맞이했을까.

"연약한 사람은 복수를 하고 강한 사람은 용서를 하고 똑똑한 사람은 이를 무시한다."라는 말이 있다. 나는 강한 사람이 되진 못하니 노자의 가르침이라 와전된 명언을 되새기며 똑똑하게 무시하고자 한다. 잊어버리는 것보다 더한 복수는 없으니까.

자기 PR

바야흐로 자기 PR[15]의 시대다. 불과 몇 년 전까지만 해도 전단지를 들고 직접 발로 뛰며 홍보를 하는 시대였지만 이제는 누구나 휴대폰으로 정보를 얻는다. 어느샌가 더 이상 발로 뛰지 않아도 되는 시대가 되었다.

우리 주변을 가만히 살펴보면 SNS를 안 하는 사람을 찾기가 더 힘들 정도로 누구나 SNS 계정 하나쯤은 모두 가지고 있고, 밥을 먹을 때나 친구를 만날 때, 어딘가 놀러 갈 때면 다들 약속이나 한 듯이 휴대폰을 치켜들고 그 순간을 앞다투어 SNS에 업로드하기 바쁘다. 나를 표현하는 긴 글 대신 사진이나 짧은 영상으로 나를 기록한다. 그리고 그렇게 기록된 사진과 영상은 당연하다는 듯 자기 PR의 수단으로 활용된다.

---

15 'Public Relations'의 약자로 타인에게 본인을 홍보하는 것이 주된 목적인 하나의 커뮤니케이션 활동, 즉 일련의 자기광고·홍보 활동을 뜻한다.

내가 오늘 무엇을 먹었는지 어떤 패션의 옷을 입고 누구와 어딜 갔는지 나의 하루하루를 사람들과 공유하며 자연스럽게 '나'라는 자체를 브랜드화하는 것이 다들 당연하다는 듯 익숙해졌다. 더 이상 옛날처럼 나를 감추고 겸손을 떠는 일은 좀처럼 찾아보기 힘드니 말이다.

족히 십 년은 넘게 이어져 오고 있는 취업난에 취업 준비생들에게 가장 중요한 자기소개서에서도 자기 PR은 빠질 수 없는 필수 요소가 되었다. 처음 문단의 서너 줄에서 자기를 어필할 수 있어야 하고 스스로 자기 자신의 장점을 최대한 부각시키며 치켜세워야 한다.

겸손이 미덕인 세상은 철 지난 이야기에 불과한 세상이 됐다. 직장에서든 자기 사업에서든 내 능력을 인정받고 타인으로부터 인정을 받기 위해서는 적절한 자기 PR은 없어선 안 될 요소가 됐다. 물론 너무 부풀려진 자기 PR은 오히려 해가 될 수 있겠지만 반대로 지나치게 자신을 낮추거나 겸손하다면 이 또한 본인에게 마이너스가 된다.

몇 해 전부터 해외 취업 기관에서의 요청으로 미국 취업 예정자들을 대상으로 강의를 시작했다. 갓 대학을 졸업하거나 졸업 예정인 학생들이 대부분인데 강의를 하며 이들을 보고 있자니 자기 PR이 턱없이 부족해 보였다. 강의를 하며 내가 던진 질문에 쭈뼛쭈뼛하며 대답을 시킬까 봐 눈을 내리깔거나 스스로 아직까지 많이 부족하다며 자기를 평가절하 하는 모습들이 대부분이었으니까.

SNS 문화나 국내 취업 시장에서도 자기 PR이 필수적인 요소가 된 시대지만 여전히 우리는 자기를 낮추고 자기 PR을 덜 하는 문화에 젖어 있다.

이런 말도 있지 않은가?
"가만히 있으면 중간이라도 간다."
하지만 미국에서 일을 시작할 이 친구들이 이런 마인드를 가지고 있다면 실패는 불 보듯 뻔하다. 만약 직장에서 내가 영어가 유창하지 않다든가, 부하 직원이라서 내 의견을 말하지 않는다면 결국 그 사람은 가치가 없는 사람으로 도태되고 말 것이다. 나댄다고 생각하며 남들의 시선을 의식하는 버릇은 앞으로 버려야 할 구시대의 유물이라고 열변을 토한다.

누가 보든 신경 쓰지 않고 자유롭게 SNS에 업로드하는 그 마인드를 적용해 보라고 말이다.

"남들의 시선을 의식하지 마라."
"나대지 않으면 기회조차 얻지 못한다."
내가 강의를 하며 곧 미국에서 일을 할 친구들에게 하는 공통된 조언이다. 한정된 시간 안에서 자기 자신을 PR하는 것은 이제는 단지 미국뿐만 아니라 우리나라에서도 마찬가지다.

나 또한 행정사라는 직업을 알리고 내가 할 수 있는 일을 알리기 위해 주구장창 SNS에 홍보를 해 댔다. 결국 사람들의 인식에 '나'라는 브랜드가 자리 잡기 시작했고 무슨 문제에 닥치면 우선 내게 전화를 해 물어보는 것이 당연시되었다.

이처럼 남이 내 가치를 알아줄 때까지 기다리기보단 자기 스스로를 널리 알릴 수 있는 능력이 꼭 필요한 시대니까 말이다. 자신이 어떤 사람이고 무엇을 잘할 수 있는지 적극적으로 다가가고 자신을 드러낸다면 어디에서 어떻게 인연이 닿아 얼마나 소중한 기회를 가질 수 있게 될지 누구도 모를 일이다.

자기 PR, 당신은 어떤 사람인가?

J의 삶

혈액형이 무엇인지 묻는 시대는 지났다.
대신에 MBTI가 무엇인지 묻는다.

사실 나는 한동안 MBTI가 무엇인지 몰랐다. 성격유형검사라는데 대략 10분 남짓이 넘는 시간이 소요된다는 말에 선뜻 검사해 보지 않았다. 귀찮기도 했고 '굳이 해서 뭐 하나'라는 생각이 컸던 것 같다.

하지만 만나는 사람마다 내 MBTI를 물어봤고 "모른다."라는 대답에 왜 아직 검사해 보지 않았냐며 의아해하는 사람들의 성화에 결국 검사를 했다. 결과는 "ENFJ" 해당 유형에 대한 설명을 읽어 보고 저절로 고개가 끄덕여졌다. 딱 내 성격이다. 외향적이면서 상상력이 풍부하고 감성적이면서 계획적인 스타일. 가끔 E 대신 I의 성향이 편할 때도 있고 상황에 따라 F보다 T일 때도 있지만 마지막 알파벳 J는 변함없는 것 같다.

곰곰이 생각해 보면 나의 J 성향은 어릴 때부터였다. 누구나 그랬겠지만 초등학생 시절 큰 동그라미를 그리고 시간별로 칸을 나누어 하루 일과의 계획을 짜 보는 방학 시간표를 시작으로 '계획적인' 사람이 되는 훈련을 자연스레 했던 것 같다. 내 주변만 하더라도 계획을 짜는 것보다 즉흥적으로 하루하루를 보내는 것을 더 흥미로워하고 편해하는 사람이 많다. 하지만 나는 계획하지 않은 일이 생기면 스트레스를 받는다.

매일 하루의 마무리는 꼭 내일 할 일을 메모하며 일정을 체크하는 일인데 미리 짜 둔 스케줄에서 벗어나 계획하지 않은 약속이 갑작스레 잡히거나 생각지도 못한 일이 생기면 마음이 불편하다 못해 하루를 망쳐 버린 것 같은 기분이 들 때도 있으니까 말이다. 작게는 하루하루의 일정을 계획하는 것부터 크게는 한 달 단위, 연 단위로 해야 할 일, 하고 싶은 일을 수시로 메모하고 상기시킨다.

이런 버릇은 경호원으로 일할 때부터 생기기 시작했다.
사람들이 흔히 생각하는 경호원은 항상 긴장하고 바쁘게 움직이는 것 같지만 모두가 그렇지는 않다. 현장 상황에 따라 그리고 맡은 임무에 따라 천차만별이다. 소위 '짬밥'이 안 될 때는 몇 시간 동안 사람 한 명 오지 않는 텅 빈 대기실 복도에서 '통제구역'을 지키기 위해 하루 종일 서 있는 일도 비일비재했다. 근무 중이라 휴대폰도 마음 편히 할 수 없으니.

그럴 때 유일하게 할 수 있는 것은 '생각'이었다.

지금까지 살아온 날들, 앞으로 다가올 시간들을 상상하며 시간을 보냈다. 그러다 보니 자연스럽게 퇴근 후 할 일, 내일 할 일, 다음 주에 할 일, 더 나아가 올해 안에 '어떤 자격증을 꼭 따겠다'라든지 '여행을 가겠다'라든지 하는 연 단위의 계획이자 목표를 세우기 시작했다.

그때부터 '계획'하는 것이 버릇이 되어 작은 수첩을 들고 다니거나 수첩이 없을 땐 휴대폰 메모장에 그때그때 생각하는 '하고 싶은 일'이나 '해야 할 일'을 메모하며 계획대로 이루고자 매일 스스로 상기시킨다.

자기최면의 효과라도 있는 것일까.

작년에 메모한 내 '리스트'에 적힌 목표는 모두 두 줄로 그어져 '완성' 되어 있었다. 1년 전 이루고자 하는 목표를 메모할 때의 순간이 떠오르며 막연히 '하고 싶다'는 생각에 하나둘 적기 시작한 리스트가 모두 지워져 있을 때 오는 그 뿌듯함. 그 순간의 짜릿함과 계획하는 습관이 없었다면 이루지 못했을, 아니 생각조차 못 했을 결과물들을 보고 있자니 'J의 삶'이 감사하게 느껴졌다.

올해도 어김없이 새로운 '리스트'가 만들어졌다. 새롭게 하고 싶은 일이 생겨 준비 중인 자격증 취득과 지금 쓰고 있는 이 글이 하나의 책으로 완성되어 출판되는 것, 하루도 빠지지 않고 매일 운동하기, 생애 첫 건강검진 하기, 그림 배우기 등과 같은 것들이다.

쉬운 듯 보이면서도 동시에 가벼운 마음으로는 절대 해낼 수 없는 것들이다.

내년에 느낄 뿌듯함을 상상하며 올해도 J의 삶을 성실하게 살아갈 수 있기를.

그리고 이 글을 읽는 모두가 J의 삶을 살아 보기를.

가을 오니 여름이 또 그리운 거지

바람이 차가워졌어
제법 더웠는데 말이야

골목에 나뭇잎이 떨어졌어
제법 무성했는데 말이야

가을인가 봐
그래서 또 네가 그리운가 봐

Chapter 7
어느새 가을

인간관계

나는 줄곧 적이 없는 인간관계를 선호해 왔다. 나의 인간관계엔 적이란 없었다. 살면서 적을 만들지 말고 두루두루 친하게 지내자는 것이 내 인생의 모토였으니까.

자연스레 내 주변엔 항상 여러 부류의 사람들이 있었고 내 인맥의 스펙트럼은 매우 넓어졌다.

다양한 사람들을 만나면서 그 사람들과 적대시되는 관계가 되지 않으려 부단히 노력했다. 나와는 성향이 다르고 사물을 보는 관점마저 다른 사람들과도 최소한 '적은 되지 말아야지'라는 다짐으로 그 사람들을 이해하려 애를 쓰다 보니 그 사람의 스타일과 상황에 맞게 컨트롤할 수 있는 능력이 생겼다.

내성적이고 생각이 많은 사람과 대화를 해도, 외향적이고 대화를 주도하는 사람들과 대화를 해도 난 언제나 상황에 맞게 모두와 표면적으로는 그들과 잘 어울리는 관계로 남을 수 있었다.

이러한 성격 때문일까? '행정사'라는 직업을 갖게 된 이후부터는 가까운 사이가 아닌 지인의 다소 무례한 부탁에도 그와 적이 되지 않으려 쉽게 거절하지 못하다 보니 어느 순간 난 행정사보다는 '해결사'가 되어 있었다.

어느 날, 이런 내 인생의 모토를 바꾸게 되는 계기가 생겼다. 여느 때처럼 친한 친구와 단골 술집에서 술을 마시고 있었다. 남자 둘이서의 적적한 공기를 깬 친구의 질문이 그 계기의 시작이었다.
"넌 주위에 사람이 많잖아, 그치? 그게 너의 장점인 것 같아, 아니면 단점인 것 같아?"
난 주저 없이 답했다.
"당연히 장점이지. 그만큼 인맥이 넓다는 거니까."
잠깐의 정적이 흐르고 친구는 의미심장한 표정으로 되물었다.

"과연 그럴까?"

그 친구는 나와는 정반대의 인간관계를 가지고 있었다. 스스로의 경계선을 두고 '내 사람'이라고 여기는 사람과 그렇지 않은 사람을 철저히 나누었고 오히려 적을 만드는 사람이었다. 당연하게도 그 친구에 대한 주위의 평가는 극명히 갈렸다. 그런 호불호 강한 인간관계에 대한 그 친구의 가치관을 듣게 되었다.

"너처럼 두루두루 친한 인간관계를 가지고 있는 사람들은 당연히 적은 없겠지. 근데 그건 동시에 네 편도 없다는 거야. 반대로 적이 있다는 건 자연스레 네 편도 있다는 말인 거지."

머리를 한 대 얻어맞은 것 같았다. '최소한 적이 되지 말자'라는 생각으로 지금껏 다양한 사람들과 친하게 지낸다는 것이 반대로 생각하면 나의 인간관계가 여태 깊은 관계보다는 얇고 넓은 관계만 있게 되었던 것은 아닐까. 생각해 보니 주위에 사람은 많아도 언제든 떠나가도 이상하지 않을 사람들이었고 무조건적인 내 편은 스스로 생각해도 없었다. 당황한 내 표정을 보고 친구는 재밌는 비유로 다시 말을 이끌었다.

"유명 정치인들을 봐. 서로 죽일 듯이 욕을 하고 맹목적으로 반대를 하는 사람도 있지만 그런 사람들에겐 오히려 자기들끼리 서로 무조건 지지하는 사람들이 있잖아. 적이 없는 사람은 없어. 살면서 모두를 만족시킬 순 없으니까."

친구의 말이 옳았다.
스스로 남들에게 적이 되지 않으려 부단히 노력했던 내 지난날들이 불현듯 스쳐 갔다. '평생 동안 진정한 친구 한 명만 사귀어도 그 인생은 성공한 것'이라는 말과 지금껏 인간관계로부터 받은 피로와 스트레스가 내 머릿속에 동시에 떠올랐다.

그날 친구와의 술자리 이후, 나의 인간관계가 완전히 바뀌기 시작했다.

처음 만나는 사람과도 격의 없이 많은 사람들을 만날 수 있는 술자리나 모임도 완전히 끊어 버렸다. 평일의 술자리나 사람을 만나는 자리도 도심에서는 1시간가량 떨어진 전원주택으로 이사를 간 것을 핑계로 자리를 피하기 시작했다. 주말엔 '내 사람'이라고 여겨지는 친한 사람들과 시간을 보냈고 그렇지 않은 시간은 혼자 있는 시간을 늘려 갔다. 마음 맞는 내 사람들과의 대화에서 나는 나 자신을 꾸밀 필요가 없었고, 늘어나게 된 혼자만의 시간은 한 주간의 나 자신을 성찰하게 되는 그 주의 일기 같은 시간이 되었다. 그러면서 자연스레 사람들로부터 소외되거나 멀어질 것이라고 짐짓 예상은 했지만, 결과는 오히려 만족스러웠다.

의도치 않게 나와의 술자리는 '누구누구를 거쳐야 한다'라든지 '최소 몇 주는 기다려야 한다'라는 소문이 돌면서 쉽게 만날 수 없는 사람이 되어 있었다. 솔직히 그 소문은 썩 나쁘지 않았다. 잘 모르는 사람들의 사소한 업무적인 부탁들도 사라지기 시작했다. 나에게 바로 연락을 했었던 과거와는 달리 '내 사람'이라고 알려진 측근을 거쳐 내게 부탁을 하게 되었고 그 부탁은 당연히 쉽게 들어주지 않아도 되었다.

당연히 나를 한두 번 정도 본 사람들이나 날 잘 모르는 사람들이 퍼 나르는 가십에 괜히 나를 깎아내리는 사람들도 생겨났지만, 날 마냥 싫어하는 사람이 생기니 저절로 내 편이 생겼다. 나를 싫어하는 사람들과 친하지 않은 사람들은 자연스레 내 편을 들어 주게 되고 내 편이 된 사람은 결국 내 사람이 되었다. 인간관계를 유지하려 애쓰며 생기던 피로감과 스트레스는 점차 사라져 갔고 지금껏 적이 생기는 걸 두려워하며 모두에게 맞추려 애쓴 내가 진정한 '내 편'이 생기기 시작하는 것을 보며 그때 친구의 말을 되새기게 되었다.

"적이 있어야, 내 편이 생긴다."
이제 새로운 내 인생의 모토가 된 말이다.

아침형 인간보다
저녁형 인간

"일찍 일어나야지."

어릴 때부터 줄곧 듣던 말이다.

아침 일찍 일어나는 사람이 근면성실한 사람이라고 귀에 딱지가 앉도록 들었다. 사실 틀린 말은 아니다. 아침 일찍 일어나 부지런하게 하루 일과를 시작하는 사람들 중 게으른 사람은 한명도 없다. 아침 공복 유산소를 한다던가, 모닝커피나 사과 한 조각을 베어 물며 조간신문을 읽는 사람들 중 실패한 사람을 찾기란 하늘에 별 따기와도 같다. 그래서 누구나 아침 일찍 일어나려 애를 쓴다.

5분 단위로 모닝콜 알람 수십 개를 맞춰 놓고도 늦잠을 자 헐레벌떡 정신없는 아침을 맞는 경우가 허다하지만 여전히 우리는 아침 일찍 일어나야 한다는 강박에 사로잡혀 있다.

어느 날 잠시 짬을 내어 모처럼 대형 서점에 방문했다. 요즘 나오는 책들은 어떤 것이 있을지 사람들은 어떤 종류의 책에 관심을 갖는지,

단순히 그래프나 숫자로 보이는 수치보다는 현장에서 사람들이 책을 고르고 읽는 모습을 보고 싶어 종종 서점에 들르곤 한다.

그때 딱 한 권, 내 눈에 거슬리는 책이 보였다. 베스트셀러나 유명인이 출간한 책이 아니고서는 쉽사리 오르지 못할 서점 정중앙에 있는 매대에 떡하니 진열되어 있는 것이 아닌가. 그 책은 자기 계발서였는데 결국 작가가 하고자 하는 말은 "아침형 인간이 되어라."였다. 성공을 하려면 좋은 학교를 가야 하고 좋은 학교를 가려면 시험을 잘 보아야 한다. 시험을 잘 보려면 시험 시작 시간인 오전 9시에 맞게 생체리듬을 바꾸고 연습해야 한다. 아침 일찍 일어나 가볍게 식사를 하고 집중하는 연습을 해야 성공할 수 있다. 그 책이 말하는 아침형 인간의 모습이다.

그 책을 보며 문득 이런 생각이 들었다. '왜 시험은 꼭 오전에 치러질까? 만약 수능이 저녁부터 밤까지 칠 수 있는 시험이었다면 아마 나는 더 좋은 대학에 진학했을 수 있었을 텐데' 하고 우스갯소리처럼 실없는 상상을 해 봤다.

모두가 일어나 하루를 시작하는 아침, 누구나 그렇게 한다고 해서 꼭 따라 할 필요는 없지 않은가. 꼭 아침에 일찍 일어나 움직이는 '아침형 인간'이 되어야 성공을 할 수 있다는 자기 계발서에 괜히 반박하고 싶은 마음에 나는 '아침형 인간보다 저녁형 인간'이 되어도 충분히 성공할 수 있다는 말을 하고 싶어졌다. 내가 만약 아침보다 늦은 저녁에 더 집

중이 잘되고 업무 효율이 높아지는 사람이라면 충분히 숙면을 취하고 일어나 저녁에 일을 하는 것이 보다 더 효율적으로 성공에 다가갈 수 있지 않을까.

최근 인터넷 검색을 하다 발견한 외국 어느 대학의 연구 팀에서 한 연구 결과가 내게 꽤 흥미롭게 다가왔다. 소위 '올빼미족'이라고 불리는 저녁형 인간은 밤늦게까지 깨어 있고 아침잠이 많은 사람을 뜻하는데 이런 사람들은 우리가 흔히 볼 수 있는 자기 계발서에서 말하는 게으른 사람들이다.

하지만 연구 결과는 자기 계발서보다 내 생각이 옳다고 손을 들어 줬다. 아침형 인간에 비해 저녁형 인간이 더 영리하고 창의적이며 문제 해결 능력이 우수하다는 것이다. 마침 저녁이 있는 삶이나 저녁 시간 활용법에 관한 자기 계발서도 하나둘씩 나오기 시작하고 있으니 내 생각이 전혀 틀린 것은 아니라는 것이 입증된 것이나 다름없다.

이제는 예전보다 조금은 떳떳하게 늦잠을 잘 수 있겠다는 생각이 들어 엷은 미소가 지어졌다. 자기 계발서를 자세히 읽어 보면 아침과 저녁에 상관없이 자기 자신만의 루틴과 꾸준함에 따라 성공의 여부가 결정된다는 것을 알 수 있다.

시간 관리와 미루지 않고 실천하는 능력, 그리고 꾸준함이 관건이다.

'미라클 모닝'을 외치며 힘겹게 아침을 깨우는 노력 대신 조금은 편하게 '이브닝 플랜'을 짜는데 투자해 보면 어떨까.

'아침형 인간보다 저녁형 인간'으로 한번 살아 보자.
꼭 아침에 일어나지 않는 성공한 사람도 있다.

When you in Rome, do as Romans do

　고등학교에 진학하고 얼마 안 됐을 무렵, 부모님의 전폭적인 지지로 미국 유학길에 올랐다. 학창 시절 수학엔 재능이 전혀 없었지만 언어에는 꽤 자신이 있었던 터라 국어와 영어는 줄곧 만점을 받기도 해서 홀로 미국에 가는 것이 그다지 두렵게 다가오지 않았다. 더군다나 어릴 적부터 또래보다 덩치가 큰 편이어서 그런지 홀로 떠나는 유학이 걱정스럽지 않았다. 오히려 고1 때부터 본격적으로 시작되는 수능 공부를 하지 않고 한국을 탈출한다는 생각에 내심 들떠 있었다는 것이 솔직한 심정이었다. 특히 당시에 흔히 듣던 뉴욕이나 캘리포니아, 워싱턴 D.C.같이 잘 알려진 곳이 아닌 비교적 덜 알려진 미시간(Michigan)주라는 곳을 가게 되어 오히려 어떤 곳일까 궁금함과 동시에 흥미롭기까지 했다.

　미국 지도를 찾아보니 미시간(Michigan)주는 생긴 것이 꼭 사람 손 같은 모양으로, 동부도, 서부도 아닌 중간 윗부분쯤 위치한 곳이었다. 대부분의 한국 유학생들이 그다지 선호하지 않는 곳이었지만 오히려 난 그런 부분이 더 마음에 들었다.

다시없을 소중한 기회로 여기며 미국에서의 시간들을 헛되이 보내지 않기 위해 미국에 가기 몇 달 전부터 항상 마음속에 새긴 말이 있다.
"When you in Rome, do as Romans do."
"로마에 가면 로마인처럼 행동하라."
즉 로마에서는 로마법을 따르라는 말이다. 아무도 나에 대해서 모르는 낯선 곳에서 새 출발을 한다는 느낌으로, 그곳의 문화와 언어에 푹 빠져 지낼 각오로 이 말을 마음 깊게 새겼다.

한국에서는 영어에 자신 있었던 나였지만, 정작 미국에 가니 제대로 된 대화는커녕 의사소통조차 겨우 해내는 처참한 수준이었다. 덩치 큰 동양인을 신기한 눈으로 쳐다보며 갖은 질문을 해 대는 사람들에게 나는 항상 "Yes."라고만 대답하기 바쁠 정도였으니까. "No."라고 대답하면 그 이유를 대답해야 했기 때문에 굳이 이유를 덧붙이지 않아도 되는 "Yes."가 버릇처럼 나왔다.

미국에 도착한 지 2주가 채 되지 않아 여전히 '예스맨'이었던 내게 생각지도 못한 일이 벌어졌다. 입학 수속을 마치고 학교를 구경하고 있던 나는 미국 역사 과목 수업과 미식축구 감독을 겸임하고 계시던 선생님을 마주치게 됐다. 뜻하지 않게 처음 만나게 된 선생님이었는데, 그때 갑작스러운 그의 제안에 덜컥 "Yes."라고 대답해 버린 것이었다.

당시 그들이 막연히 생각했던 동양인은 왜소한 체구에 안경을 끼고 어려운 수학 문제를 잘 풀어내는 그런 부류의 사람들이었다. 그러나 큰 체격에 뭐든 적극적으로 보인 특이한 동양인이라 생각해서 그랬는지는 모르겠지만, 처음 본 내게 선생님은 미식축구부에 가입하라고 제안하셨다. (영어를 잘 못해서 뭐든 "Yes."라고 한 것을 모른다.) 나는 미식축구에 대한 규칙도 몰랐고 구기 종목에는 자신이 없던 터라, 그다지 내키진 않지만 "No."라고 대답하기엔 그 이유를 영어로 유창하게 설명할 수가 없어서 습관처럼 "Yes."라고 대답해 버렸다.

선생님의 제안에 "Yes."라고 대답한 그다음 날부터 미식축구 훈련에 곧바로 합류하게 되었고 잔디밭에서 초대형 화물차에 달릴 만한, 엄청나게 큰 폐타이어에 어깨를 부딪치며(가장 기본적인 미식축구 훈련으로 태클 연습용이다.) 내 미국 생활이 본격적으로 시작됐다.

첫 등교하는 날, 나는 이미 학교에서 유명 인사였다. 미식축구를 하는 코리안이라고. (대부분의 미식축구부원들은 학교에서 소위 '잘나가는' 학생들이었다.) 처음 보는 애들이 마치 오랜만에 보는 듯 반갑게 "Hi", "Hey" 하며 아는 척했다. 한국에서는 무표정에 가만히 있는 것이 짐짓 점잖아 보이고 예의 바른 모습이라 여기지만, 여기서는 전혀 달랐다. 그들의 반가운 인사와 초롱초롱한 눈빛으로 궁금증에 가득 차 던지는 수많은 질문들에 나는 등교 첫날부터 기억도 다 하지 못할 만큼 많은 친구들을 사귀기 시작했다.

'코리아'라고 하면 "킴정일"이라고 첫 마디를 떼는 애들에게 남과 북은 엄연히 다른 곳이라는 것을 이해시키는 데 한참이나 걸렸고 한국은 눈이 내리는 곳인지, 맥도날드와 스타벅스가 있는지, 심지어는 'SAMSUNG'이라고 선명히 표시된 휴대폰을 가지고 있으면서도 삼성은 한국이 아니라 미국 것이라며 우기는 애들에게 배터리를 분리시켜 'made in Korea'를 확인시켜 주기도 하며 영어에 점차 익숙해져 갔다.

그렇게 영어를 익히며 그들의 문화에 스며들 즈음, 그들로부터 단지 '미식축구를 하는 코리안' 정도의 신기한 이방인에서 진정한 구성원으로 인정받은 계기가 있었는데, 그 계기가 아직까지 기억에 생생하다.

미식축구 훈련 중에 태클을 하고 뒤엉켜 넘어진 그 순간, 누군가 내 손을 밟았는데 그때 엄지손가락 뼈가 산산조각이 났다. 여전히 유창하지 않던 영어 실력으로 손가락이 아프다는 것을 설명해야 했는데, 이 역시 쉽지 않았고 "No quit."(포기하는 것을 죄악시했다.)를 연발하던 코치진들과 미식축구 부원들 사이에서 엄지손가락이 아프다고 훈련에서 도무지 빠질 수가 없었다. 결국 산산조각이 난 엄지손가락 때문에 손목까지 깁스를 해야 했고, 깁스를 한 채로도 계속 훈련에 참가할 수밖에 없었다. 짧은 영어 실력 덕분에 포기를 모르는 열정적인 '선수'로 인식되었고 그 사건을 계기로 '코리아'에서 온 신기한 이방인이 아닌 진정한 그들의 구성원으로 인정을 받을 수 있게 되었다. 그러다 보니 몇 달 만에 나의 영어 실력은 흡사 원어민에 가까워졌다. 표정과 몸짓, 리액

션과 발음, 심지어는 목소리까지(한국어와 영어를 말할 때 목소리가 달라진다.) 또래 미국 친구들을 자연스레 따라하며 모든 것을 흡수했다.

어느 날은 문학 수업에 제출해야 할 과제를 깜빡해 선생님께 꾸지람을 들은 적이 있었는데 그때 사뭇 진지하게 "Me, no English."(미국인들이 당시 영어를 못하는 동양인을 희화화하며 흉내 내는 대표적인 표현이었다.)라며 영어를 못하는 척하다가 친구들이 모두 빵 터져 웃음바다가 되곤 했다.

그렇게 '로마법'을 따르며 적응해 나가던 나였지만, 여전히 한국 음식과 친구들, 그리고 집이 그리웠다. 매일같이 싸이월드와 네이버에 접속해 한국 소식을 보던 순간 '이러려고 여기에 온 게 아닌데…'라는 생각이 들었다. 그런 생각이 든 순간, 내 모든 추억이 깃든 싸이월드를 과감히 탈퇴하고 한국어에 노출되지 않고 오롯이 영어만 사용하도록 스스로 노력했다.

그 결과 어느 순간부터 꿈에서 한국어를 하는 미국 친구들이 나오기 시작했고 점차 영어로 꿈을 꾸게 됐다. 싸이월드 대신 당시 나온 지 얼마 안 된 '미국판 싸이월드'라는 페이스북을 시작하게 되었고 발음하기 힘들던 'L'과 'R'의 발음 구별이 익숙해질 만큼 미국 생활에 적응했다. 그러나 여전히 피부색과 생김새에서 나올 수밖에 없는 차별은 나로서도 어쩔 도리가 없었다.

어느 날은 하굣길 스쿨버스 안에서 '제키 첸', '브루스 리'라며(당시 흔히들 아시아인에게 인종차별적 놀림으로 성룡과 이소룡 이름으로 부르곤 했다.) 'made in China'가 새겨진 운동화를 가리키며 "너희 나라 것 아니냐, 밑창이 다 떨어졌다. 지금 수선해 줘!"라고 깔깔 대던 백인 아이를 보고 썩소를 날리며 가운데 손가락을 치켜세우고 지금껏 배운 가장 심한 욕을 랩하듯 쏟아 냈다. 인종차별 놀림에 주눅 들지 않고 오히려 더 강하게 나가니 함께 조롱하고 비웃으며 구경하던 애들이 순식간에 전부 내 편이 되었다.

세계사 수업 중의 일화도 인상 깊게 남아 있는데, 어려운 영어 단어를 곧바로 이해하지 못하더라도 역사에 대한 알량한 지식으로 괜찮은 성적을 받던 수업이었다. 동아시아의 역사에 대한 시간이었는데 그때 두꺼운 교재[16]에서 발견한 'Sea of Japan'을 보고 어린 마음에 모든 교재에 줄을 긋고 'East sea'라고 볼펜으로 꾹꾹 눌러쓰다 선생님께 걸려 왜 그런 행동을 했는지 그 다음 수업 시간 내내 프레젠테이션을 하기도 했다.

지금 와서 생각해 보니 당시 그 일로 벌을 받았다기보다 선생님도 어느 정도 이해를 해 주시고 교육적인 차원에서 내게 기회를 주시지 않았나 싶은 생각이 든다. 다른 수업 중에는 계속 졸다가 걸려 'office'로 불

---

16 우리나라 교과서처럼 개인 소유가 아닌 학교 소유로 학생 모두가 공용으로 사용하는 공공재였다.

려가 혼이 났는데 한국에서처럼 반성의 의미로 눈을 내리깔았고 땅바닥을 보며 반성하는 태도를 보였으나 선생님은 오히려 버럭 화를 내셨다. 선생님이 이야기하는데 왜 딴청을 피우냐며 눈을 똑바로 쳐다보라는 선생님의 말씀에 '아직 로마법을 모두 다 깨우치려면 한참 멀었구나'라고 생각하며 작은 것 하나에도 완전히 다른 문화에 여전히 놀랐다.

그렇게 시간이 흘러 악명 높았던 미시간의 겨울이 지나가고 봄 그리고 다시 여름, 그곳에 완전히 적응해 한국에 대한 그리움이 잊혀 갈 때쯤 졸업을 했다. 졸업식을 하고 얼마 지나지 않아 귀국길에 올랐다.

최소 수개월간은 한국어를 전혀 사용하지 않았고 생각도 꿈도 모두 영어로 꿀 때였다. 비행기 옆자리에 어떤 아주머니가 앉았다. 선반에 올려진 아주머니의 여권이 내 것과 같았다.
'얼마 만에 보는 한국인이야!'
반가운 마음에 생각할 겨를도 없이 옆자리 아주머니께 말을 걸었다.
"Hey, good to see you!"
순간 나는 충격을 받았다. '이게 무슨 일이야…' 그토록 만나고 싶었던 우리나라 사람인데 왜 뜬금없이 영어가 저절로 나오지? 다행히 아주머니의 영어 실력이 유창해 자연스럽게 몇 마디 대화를 하다가 잠에 들었다.

벌써 아득한 옛 추억이지만 그때의 기억들이 생생하다. 페이스북으로 그곳의 소식과 안부 연락을 여전히 주고받기도 하고 이따금씩 졸업 앨범과 사진들을 보기도 한다. 내 인생의 터닝 포인트라 할 수 있었던 경험, 지금 다시 가라고 하면 해낼 수 있을까 의문이 들기도 하지만 지나고 보니 그때의 추억이 지금의 나를 만든 것이 아닌가 싶다.

한국인을 보고 순간 영어가 덜컥 나오고 외국 영화에 나오는 한글 자막이 거슬려 손바닥으로 화면 아래를 가리던 게 귀국하고 일주일 만에 말짱 도루묵이 되었지만.

미국 고등학교 유학 당시
미식축구 경기 직후 친구와 함께 퇴장하는 모습

그땐
어렸으니까

　살다 보면 이런저런 실수를 한다. 처음 해 보는 일이라서, 익숙하지 않아서, 갖은 이유들은 전부 경험하지 못한 데서 비롯된 실수에 대한 합리화다. 어렸을 땐 수많은 실수들에 대한 합리화가 도두 용서받는다. 어리니까, 뭘 잘 모를 테니까, 하고 말이다.

　하지만 나이가 들수록 그 실수들에 대한 용서는 쉽게 찾아볼 수 없다. 나이가 들수록 아는 것이 많아지고 경험이 많아질수록 처음 해 본다거나 익숙하지 않다는 이유는 핑계에 불과해지기 때문이다.

　나이를 먹으면 먹을수록 책임져야 하는 것들 또한 많아지고 그만큼 실수는 줄어들게 된다. 아니, 실수를 하지 않아야 한다는 강박에 사로잡힌다는 것이 맞을 것이다. 왜냐하면 어른이 하는 실수는 이해와 관용보다는 질타와 한심함으로 쉽게 얼룩져 버리기 마련이니까.

　어린아이가 자전거를 타고 차도로 위험하게 다니는 것은 '아, 저 애가 뭘 몰라서 그렇구나' 하고 쉽게 생각할 수 있겠지만, 어른이 그렇게 한다면 경적을 울리고 손가락질을 할 것이 불 보듯 뻔하다.

어리면 용서되고 어른은 비난받게 되는 실수. 그 경계선이 어디까지일지 문득 궁금해졌다.

인터넷 지식 공유 사이트에서 이런 질문을 보았다.
"12살인데 실수를 반복해서 너무 힘들어요."
답변이 인상적이었다.
"12살이면 초등학교 5학년이네요. 아직 실수할 수 있는 나이예요."
아직 실수할 수 있는 나이. 실수를 반복해도 용서를 받을 수 있는 나이. 질타와 질책보다는 이해와 관용을 여전히 받을 수 있는 그런 때라는 말이었다.

그렇다면 어른이 된다는 것은 언제일까. 언제 어른이 되었다는 것을 공식적으로 인정받을 수 있을까. "아직 실수할 수 있는 나이예요."라고 답변을 하는 어른이 있는 것처럼 어느 선까지는 아직 실수가 용인되는 어린 나이라고 받아들여진다. 그렇다면 실수는 언제부터 용서받지 못하는 것일까? 예를 들어 서른부터는 어른이니 그때부터는 실수를 하면 안 된다든가 결혼을 하고 나서부터는 어른이니 그때부터의 실수는 용납될 수 없다든가 하는 기준 말이다.

안타깝게도 어른의 기준은 참으로 모호하다. 주위를 둘러보면 여전히 나이를 먹은 많은 사람들이 하는 실수들을 어렵지 않게 마주하게 된다. 이해보다는 순간 그 사람의 나이에 비례해서 그 사람의 실수를 평가하고 질타하게 된다. 하지만 실수는 단지 나이만 먹는다고 해서 나아지는 것이 절대 아니다.

반복된 실수와 시행착오를 겪으며 스스로 깨닫고 깨우침을 얻어야 나아지는 것이지 단순히 나이만 먹었다고 실수가 줄어드는 것은 아니란 말이다. 나이가 어려도 일찍이 시행착오와 잦은 실수로 스스로 깨닫고 배움을 얻은 사람은 그만큼 실수가 줄어든다.

이것을 보고 우리는 '철이 들었다'라고 하지 않을까 싶다. 반대로 나이를 먹어도 시행착오를 겪지 않거나 반복된 실수에도 깨우침을 얻지 못하고 계속해서 실수를 하는 사람은 '철없는' 사람으로 치부되어 버린다. 실수에 대해 용서받지도 이해받지도 못하는 나이에 한심한 사람으로 비춰지며 손가락질 받게 되니 말이다.

나는 이제 실수를 용서받지 못할 나이가 되었다. 여전히 어릴 때 마음 그대로를 간직하고 사는 것 같아 스스로 '어른'이라고 생각하지는 않지만 최소한 실수를 용서받을 만한 나이는 아니란 것을 잘 안다.

실수하지 않아야 한다는 강박에 사로 잡혀 '어른'인 척 살아가며 이따금씩 그동안 내가 저질렀던 수많은 실수들을 떠올려 본다. 그리고 옅은 미소를 띤 채 마음속으로 중얼거렸다.

"그땐 어렸으니까."

끝내지 못한
책 한 권

어렴풋이 그때가 떠오른다. 초등학생 무렵이었다.

 책 한 권을 겨우 놓을 수 있는 공간이 함께 붙어져 있는 기다란 나무 의자가 빼곡히 들어선 곳에서 대열에 맞게 앉아 책을 펼쳤다. 마치 강단에 서서 큰 소리로 책을 읽고 있는 사람을 따라 읽으려 무슨 말인지도 모른 채 책의 같은 곳을 따라 읽으려 애쓰곤 했다.

 10살도 채 되지 않은 아이가 무슨 뜻인지도 모를 말들로 가득한 책을 읽고 노래를 따라 부르며 박수를 치고 사람들을 따라(앉아 있는 모든 사람들이 그랬다.) 눈을 감고 원하는 것을 해 달라고 주문을 외듯이 속삭이는 연습을 했다.

 돌이켜 보면 내 기억의 시작은 그때였다. 종교를 가지기 시작한 때 말이다. 일요일을 왜 주일이라고 부르는지도 모르면서 꼬깃꼬깃하게 접은 천 원짜리를 주머니에서 꺼내 검은 천으로 싸매진 통 안에 넣는 일 따위를 뿌듯하게 여기며 신나는 노래를 따라 부르고 여전히 무슨 말인지 모를 작은 글씨를 따라 읽으려 노력하는 것이 전부였던 그때.

교회에 다니기 시작한 것은 독실한 크리스천이신 외할머니와 엄마의 영향이 컸다. 일요일 아침 일찍 방영하는 만화 영화를 포기한 채 성경책을 옆구리에 끼고 교회를 가는 일이 어린아이에겐 다소 가혹한 일이었지만 막상 교회를 나가 사람들을 만나면 그렇게 행복할 수 없었다. 환한 미소로 맞이하던 선생님들, 학교에서와는 사뭇 다른 느낌의 또래 친구들.

그렇게 나도 종교를 가지게 됐다.
중학생 무렵 여름 성경 학교라는 명목으로 교회에서 단체로 근교의 호스텔 같은 곳을 빌려 야유회를 떠났던 날, 그때 처음으로 진정한 크리스천으로서의 경험을 하게 됐다. 당시 유명한 젊은 목사님께서 한 명 한 명을 붙잡고 흡사 통곡과 같은 소리로 기도를 하는데 내 차례가 되자 무언가 모를 전율과 소름이 돌면서 나도 모르게 눈에서 뜨거운 눈물이 흘렀다. 눈물이 왜 난 건지, 무언가 짜릿한 느낌이 왜 들었는지 알 수 없었지만 목사님께서는 그것이 바로 성령을 체험한 것이라고 했다. 어린 시절부터 기도하는 것을 흉내 내며 따라한 것이 전부였는데 나도 드디어 진짜 기도다운 기도를 해 보았다는 생각에 흥분이 가시질 않았다.

그 이후로 나는 성경을 읽고 이해하는 데 매진하게 되었다. 창세기부터 차근차근 읽기 시작했고 무슨 말인지 이해하지 못해도 우선 끝까지 완독해 보리라는 다짐에 학교에서 쉬는 시간이나 점심시간에(친구들은 모두 축구를 하거나 매점을 다녀오고 엎드려 자곤 했다.) 홀로 책상에 앉아 성경책을 붙잡고 있기도 했다.

시간이 흘러 스스로 독실한 크리스천이 되었다고 자부하던 내 눈에 어느 날 꽤 거슬리는 해프닝이 생기게 되었다. 교회 게시판에 장로, 권사 등 직책을 가진 어른들이 헌금 액수에 따라 그래프로 표현되어 있는 것이 아닌가. 나는 그 길로 곧장 목사님께 따지러 갔다. 헌금의 액수가 중요한 것이 아니라 신앙심이 중요한 것이 아니냐며 교회에서조차 경제력과 지위로 사람을 나누면 어쩌느냐는 것이었다. 새파랗게 어린 청년이 교회 안에서는 왕과 다름없는 가장 높은 사람에게 대드는 모양새가 퍽 좋지 않게 보인 것은 사실이다. 심지어 목사님께서는 구형이었지만 외제차 세단을 타고 출퇴근을 하셨는데 이 또한 내 눈에 거슬려 함께 따졌다. 목회자라는 직업을 택했으면 최소한 사치는 하지 말아야 하는 것 아니냐, 나이 든 아주머니나 할머니들에게 초콜릿이나 사탕, 휴지 같은 것들을 손에 들려 내보내 전도한답시고 "예수 믿어라, 아니면 지옥 간다."라는 저주를 퍼부으러 다니게 하지 말고 도움을 꼭 필요로 하는 곳에 기부를 한다거나 봉사 활동을 하는 것이 더 바람직하지 않겠냐. 크고 사치스러운 교회보다 작고 보잘것없지만 그렇게 진심으로 이웃을 위하는 교회가 더 큰 교회가 아니겠냐고 말이다.

선행으로 자연스럽게 전도를 하는 것이 옳다는 생각에 감정에 북받쳐 교회의 제일 어른께 따진 나는 결국 교회에 그만 나왔으면 한다는 어느 한 선생님의 전화를 받고 그 길로 교회에 발길을 끊게 되었다.

지금 다시 생각해 봐도 내 말에 틀린 것은 하나도 없다. 후회도 없다. 다만 치기 어린 나이에 보수적인 집단 안에서의 예의나 주변 사람들의 눈치를 보지 못한 것이 실수였던 것은 사실이지만 말이다.

어느 매체에서 성폭력과 같은 강력 범죄를 저지르는 1순위의 직업이 '목사'라는 것을 본 뒤로(경찰청 통계에 따르면 2010년부터 2016년까지 성범죄로 검거된 전문직 중 종교인이 1위였으며 이 중 목회자가 가장 많았다고 나왔다.) 성경책을 덮게 되었다.

기독교인이 가장 잘 지키는 십계명은 '우상숭배 금지'라며 장례식장에서 절을 하지 않고 꼿꼿이 서서 묵념을 하는 것을 비판하는 말이 뼈 아프게 다가왔다. 간음하지 말라거나 이웃의 재물을 탐하지 말라거나 원수도 사랑하라는 말은 왜 지키지 않는 것인지.

그때의 해프닝으로 결국 교회를 떠나게 되었지만 여전히 끝내지 못한 책 한 권이 마음에 남아 있다. 교회에 대한 염증으로 덮어 버린 성경책을 지금 이 순간에도 언젠간 진심으로 다시 펼 수 있게 될 날이 오길 바란다.

교회를 떠난 지 벌써 십여 년이 흘렀지만 여전히 누군가 나에게 종교가 무어냐고 묻는다면 떳떳하게 '크리스천'이라고 대답하니까 말이다.

앞뒤가
다른 사람

행정사로 일을 시작하며 여러 부류의 사람을 만나게 됐다. 일반적으로 음식점이나 술집을 운영하며 발생하는 식품위생법 위반이라든가, 뜻하지 않게 법을 위반하게 되어 행정처분을 받는, 소위 일컫는 억울한 사람들.

이들은 각양각색의 사정과 이유를 늘어놓는다.

그중에서 특히 음주 운전[17]을 한 사람들을 가장 많이 만난다. 그들은 음주 운전을 하게 된 동기나 행위는 당연하게도 스스로 정당화하며 대화를 시작한다.

"몇 미터 안 움직였는데 누가 신고했나 봐요."
"대리 기사가 안 오는데 어떡해요? 몇 잔 마시지도 않았는데."
"그건 그렇고 제가 출퇴근 거리가 멀고 영업을 해야 해서 운전을 못

---

[17] 운전면허 취소 처분을 받게 되면 '행정심판'이라는 제도를 통해 이를 구제받을 수 있는데 행정심판 청구 대행 업무가 행정사의 대표적인 업무 중 하나다.

하게 되면 안 되는데."

"가능성이 몇 프로나 될 거 같아요?"

이들과 상담을 하고 있자면 사실 속으로 이런 생각을 하게 된다.

'아니, 잘못한 사람의 태도가 맞나?'

'입장 바꿔서 생각해도 저렇게 말할 수 있을까?'

음주 운전을 하고도 운전면허 취소 처분을 정지 처분으로라도 감경 받아 운전면허를 살리고 싶은, 절절한 사연들이다.

상담을 하고 있자니 이내 나의 표정은 굳어지기 마련이고 다소 퉁명스럽지만 기계적이고 되도록 차갑게 관련 절차와 제도에 대해 설명만 되풀이한다.

위임 계약을 성사시키고 수임료를 받아야 나도 돈을 버는 것이고 그것이 내 직업이니까 하며 스스로 합리화하기 바쁘다.

"꼭 좀 살려 주세요. 되기만 되면 정말 섭섭지 않게 보답하겠습니다."

매번 듣는 말이다. 성공률이 그리 높지 않다고 생각한 사건이 예상과 달리 인용이 되어 운전면허 취소를 정지로 감경받아 내었을 때, 그들의 태도는 정말이지 하나 같이 180도 달라진다. 심지어는 결과가 나온 뒤로 연락조차 되지 않는 사람도 있다.

왜 이렇게 앞뒤가 다를까?

표리부동. 겉으로 드러나는 언행과 속으로 가지는 생각이 다르다는 뜻의 사자성어다. 겉과 속이 다른, 이를테면 행동은 예의 바르게 보이지만 행동과 다른 속내를 가지고 있는 것을 말한다. 사회생활을 하다 보면 표리부동을 자주 겪게 된다. 행정사로서 내가 매일 겪는 의뢰인들의 표리부동이라든가, 직장에서 자신보다 지위가 낮고 어린 사람에게는 솔직하다 못해 이기적인 태도를 보이지만 상사에게는 굽실거리며 비위를 맞추고 뒤에서 욕을 하는 모습들 말이다.

이런 표리부동한 행동들이 모두 잘못되었다고 결코 비난할 수는 없다. 대표적으로 일본인들의 표리부동이 그 예다. 일본인들은 앞뒤가 다른 문화를 가지고 있다고 해도 과언이 아니다. 지나치게 예의를 갖추는 아르바이트생, 90도 이상 허리를 꺾어 인사하거나 넙죽 엎드려 절을 하며 부탁을 한다든가, 보고 있자면 불편할 정도로 억지스러운 미소를 유지한 채 상대방을 대하는 태도가 당연한 문화다.

진심에서 우러나오는 예의와 친절이 아니란 것은 누구나 알 수 있다. '굳이 저렇게까지 해야 할까?' 하는 의구심이 드는 것도 당연하다. 그렇기 때문에 사람들은 일본인들의 지나친 예의와 친절이 도리어 불편하다고 생각한다. 그래서 "일본인들은 앞뒤가 달라서 무서운 나라다."라는 말이 나오는 것이 아닐까 싶다.

그런데 일본인들의 이러한 표리부동이 잘못되었다고 비난할 수 있을까? 정작 자기의 잘못으로 필요에 의해서 행정사나 변호사를 찾았지만 사건이 해결되고 난 후 계약의 의무가 없는 공수표에 불과한 약속을 지키지 않는다고 해서 그들을 비난할 필요가 있을까? 표리부동을 비난하고 싶은 마음은 추호도 없다. 그저 적당히 가면을 쓰고 모두가 가지고 있는 이기심을 적절하게 표출하는 것뿐일 테니까. 그럼에도 앞뒤가 다른 사람을 보게 되면 생기는 불편함과 심리적 거리감은 어쩔 수 없다. 그들을 비난하고 싶진 않지만 그들의 행동으로 겪게 되는 내 감정의 피해는 회복할 수 없으니 결국 이런 질문을 할 수밖에 없다.

앞뒤가 다른 사람을 만났을 때 우리는 어떤 태도를 취하는 것이 옳을까? 그들의 표리부동과 이기심을 그대로 받아들여 보자. '아, 저 정도의 그릇밖에 되지 않는 사람이구나', '그래, 그렇게 나온다면 안타깝지만 별 수 없지 뭐' 정도로 편하게 생각해 보자.

앞뒤가 다른 사람에게 생기는 불편함과 심리적 거리감 같은 감정들은 나와는 다르게 취하는 그의 행동 때문이고 '속았다'라는 박탈감에 드는 실망 때문이니까.

앞뒤가 다르다고 해서, 나는 진심으로 대했는데 상대방은 그렇지 않다고 해서, 뱉은 말과 행동은 다르다고 해서 실망하거나 불편해할 필요가 전혀 없다. 나 또한 그들을 필요에 의해 선택하면 되고 겉으로는 비난 받지 않을 정도의 친절만 유지하면 될 노릇이다. 그들과 좋은 관계를 유지하기 위해 애쓸 이유도 상대방이 실망할까 봐 전전긍긍할 필요도 없다.

노력해서 바꿀 수 없다면 있는 그대로를 받아들이는 것이 옳다.

굳이 바꿀 수 없는 것에 괜한 힘을 쏟으면 힘들어지는 것은 그들이 아니라 바로 나 자신이니까.

계절이 바뀌는
어느 날

불과 며칠 전까지만 해도 셔츠에 가벼운 카디건 정도 걸치면 딱 알맞은 날씨였다.

'근데 벌써 여름이라니!'

지독한 여름의 시작을 알리며 단벌 신사처럼 좋아했던 회색 카디건을 옷장에 고이 개어 넣었다.

작년 여름 끝자락쯤 어색한 찬바람이 온몸을 휘감을 때 문득 이런 생각을 했다.

'언제 다시 이 더위를 느낄까?'

지독한 여름이었다. 피부과에서 점을 뺀다고 레이저 시술을 받은 후 며칠간을 제외하곤 생전 선크림이라고는 발라 본 적 없던 내가, 따가운 여름 땡볕에 마지못해 선크림 한 통을 꺼내 들었다. 숨이 턱 막히는 더위와 습한 공기에 혀를 내두르며 단지 계절을 탓하기 바빴던 나는 찌는 듯한 더위에 그 순간의 여름을 온전히 즐기지 못했었다.

더위가 한풀 꺾이고 달력 한 장을 넘겨야 할 무렵이 돼서야 나는 여름만이 줄 수 있는 선물이 있다는 것을 새삼 깨달았다. 매년 이랬다. 어느새 더워질 무렵이면 또 다시 나는 더위를 피해 계절을 탓할 테고 그 계절이 끝날 무렵이 돼서야 온전히 그 시간을 즐기지 못한 것을 후회하면서 말이다.

사람들은 겨울이 되면 한 해를 마무리하며 지난 시간들을 되돌아본다.

하지만 온전히 그 계절을 즐기지 못하던 나는 보통의 사람들과는 반대의 계절을 느낀다. 추워지면 대개 사람들은 움츠러들고 지나온 한 해를 떠올리며 새해의 다짐을 약속하지만, 나는 한여름에 움츠러들었다 더위가 가고 날이 추워지기 시작할 때 오히려 무언가 새로 시작하는 느낌을 받는다. 계절이 바뀌는 어느 날, 성큼 다가온 가을에 차가워진 아침 공기를 한 숨 크게 들이마실 때 그 기분, 카디건 한 장 걸친 상의와는 다르게 꿋꿋이 반바지를 입고 선선한 저녁 바람을 맞는 그 기분, 조금만 더 시간이 흐르면 코트를 입어도 무언가 서늘해지는 그 기분이 들 때면 시작하는 기분을 그제야 나는 느낀다.

계절이 바뀌는 시기를 우리는 간절기라 부른다. 그 시간은 계절과 계절 사이에서 지난 시간과 앞으로 만날 시간이 공존하는 때이면서도 여름이지도 겨울이지도 않은 어색한 시간의 연속이다. 한 계절이 끝나고 다른 계절이 시작될 무렵의 그 사이 기간. 사전적 의미조차도 어색하기

그지없다. 계절이 끝나고 다른 계절이 시작하진 않았지간 그 전의 계절이지도 않은, 그 사이의 어색한 시간. 그 시간이면 꼭 지난 계절을 떠올리며 후회와 추억 그리고 다음 해에 다시 만날 그때를 기대한다.

간절기면 나는 어김없이 편도가 부어오르고 밤새 핀 열꽃에 몸살을 앓는다. 연중행사처럼 이맘때쯤이면 찾아오는 감기 몸살. 아마도 한 해를 마무리하는 것과 같이 그동안 지쳤던 몸이 끝끝내 이상 신호를 보내는 것처럼, 한번 크게 앓고 나서야 새로운 계절을 만날 수 있게 된다.

더위가 가고 날이 추워지면 한 해의 중간에서 새해의 다짐을 잘 지키고 있는지 되돌아보며 다시 한번 마음을 다잡는 사람들과 달리 한 해를 새로 시작하는 기분이 드는 내게 어느새 다가온 가을은 내년에 다시 만날 여름을 기다리며 새롭게 마음을 단장하는 시간이다.

계절이 바뀌는 어느 날, 나는 지난 시간을 그리워하기보다 또 다시 만날 날을 약속하며 다음의 계절을 만난다.

에필로그

짧지만 길었던 제 이야기를 끝까지 함께해 주셔서 감사합니다.

글을 쓰는 직업을 가지게 된 순간부터 언젠간 저의 생각과 경험 그리고 추억을 공유해 보고 싶었습니다. 읽기 쉽고 편안하게 그리고 투박하지만 섬세하고 감성적으로 다가가고 싶었습니다.

행정사 그리고 시인, 모두 글을 쓰는 것이 일입니다.
의뢰인을 위해 서류를 대신 작성하는 일, 그리고 내 마음 깊은 곳에 자리 잡고 있는 생각과 감정을 단어 하나하나에 함축해 공감을 이끌어 내는 일. 모두 결국 글입니다.
도움이 필요한 사람들의 사정을 듣고 그들을 위해 쓰는 글과 오롯이 나를 들여다보고 쓰는 글. 어느 순간부터 글은 제 삶의 일부가 되었습니다.

그래서 저의 이야기를 통해 여러분과 함께 공감하고 나누고 싶었습니다.

돌이켜 보면 제 경험과 추억 그리고 은연중에 떠오른 생각들은 항상 계절과 함께했습니다.

지난여름에 있었던 일, 떨어지는 낙엽을 보며 스치듯 떠오른 시 한 편, 모두 계절과 함께였습니다.

어김없이 선선해지는 바람을 느끼며 여름이 끝이 났다는 것.
짧아진 가을을 느낌과 동시에 몇 달 후면 올 한 해도 결국 끝이라는 것.
장마와 태풍 그리고 폭염까지, 극단적인 시간들의 연속이었던 지독한 여름이 끝났음에도 선선한 가을바람에 이따금씩 여름이 그리워지곤 합니다.

여러분은 어떠신가요. 지난여름이 그리우신가요.

그리운 지난여름처럼 여러분들에게는 어떤 추억과 이야기가 있는지 궁금합니다.
책을 읽으면서 잊고 있었던 추억을 떠올리며 잠시나마 미소 지으셨으면 합니다.
책 속의 수많은 이야기 중 단 한 문장이라도 여러분들의 공감을 얻고 마음이 움직였길 바랍니다.

이제 가을입니다.
다시 만날 여름을 기다리며 앞으로 어떤 추억을 만들어 나갈지 기대가 됩니다.

이 책을 읽은 모두가 각자의 계절을 만나셨기를 소망합니다.